KB173496

페미
니스
트가
된남
자들

페미니스트가 된 남자들

페미니즘이 상식이라고 말하는 7명의 남자들

멜랑콜리아

01

곽승훈

이미
기울어진
세상

곽승훈(곽할머니)

지식노동자
강연 〈젠더 혐오의 시대와 트랜스 페미니즘〉 중 '트랜스 사회사 : 트랜스섹슈얼리즘에서 트랜스 무브먼트까지' 발제, 〈더 파이브 섹스 – 성기환원주의와 성별이분법을 넘어서〉, 〈젠더의 눈으로 다시 읽는 서양 복식사 – 옷과 몸의 관계에 대한 인식론적 재구성을 중심으로〉, 〈자명함의 해체 – 시스젠더와 헤테로섹슈얼리티라는 신화에 대하여〉, 그 외 젠더 스티디 연구 자료 번역 다수.

스스로 페미니스트라고 생각하나요?

네.

이유는 무엇인가요?

페미니즘 이슈에 관심이 있고 차별과 폭력에 반대하는 입장이에요. 또 혐오 없는 평등한 세상을 위해 노력하겠다는 마음을 갖고 있기 때문에 저를 페미니스트라고 생각합니다.

페미니즘에 관심을 갖게 된 계기가 있나요?

교회에서 만난 친구 때문에 관심이 생겼어요. 그 친구가 페미니스트였어요. 본격적으로 알아가게 된 건 프랑스에 가서였고요. 역사 전공으로 석사 유학을 가서 세부 주제를 퀴어 쪽으로 잡았어요. 심화하는 과정에서 페미니즘이나 퀴어를 전문적으로 다루는 '젠더 스터디'라는 전공으로 전과하게 됐죠. 그 후로 논문을 쓰려고 꾸준히 공부하고 연구하다 보니 어느 순간 저에게 가장 중요한 주제가 됐던 것 같아요.

친구분의 역할이 컸나 봐요.

그 친구가 교회 모임 시간에 계속 여성 인권 얘길 했어요. 근데 듣다 보니 그 친구가 다 맞는 거죠. 그래서 '이런 걸 페미니즘이라고 하는 거구나' 하고 알게 됐어요.

'젠더 스터디' 전공을 선택하게 된 과정이 궁금해요.

원래는 미술사나 미학 쪽을 공부하고 싶어서 프랑스에 갔어요. 그런데 생각했던 전공을 못 하게 된 거죠. 그러다가 우연히 어떤 일화를 접했어요. 1차 세계대전 이후에 한 탈영병이 체포당하기 싫어서 여장을 하고 숨어다녔다는 내용이었는데, 그 사람이 성정체성에 혼란을 느꼈다고 돼 있었어요. 그걸 보고 퀴어 쪽으로 논문을 써보고 싶다는 생각을 하게 됐어요. 어떤 당사자성에 대한 고민이나 성차별과 여성 혐오를 바로잡아야 한다는 도덕감과는 관련 없이 자연스럽게 페미니즘에 빠져들었어요.

"1차 세계대전 이후에 한 탈영병이 체포당하기 싫어서 여장을 하고 숨어다녔다는 내용이었는데, 그 사람이 성정체성에 혼란을 느꼈다고 돼 있었어요."

어떤 주제들을 연구했나요?

처음은 동성애 비처벌화와 시민연대계약(PACS)에 대한 프랑스 국회와 상원 논의들 속 동성애 혐오 발언들을 분석하면서 이성애 보편주의가 어떻게 작동하는가에 대한 내용이었어요. 이후에는 레즈비언 커플의 인공수정권에 관한 논문을 준비하다가 제 성향과 맞지 않는 것 같아서 고민을 많이 했어요. 그러다가 제가 제일 좋아하는 '옷'을 주제로 잡자는 생각을 하게 됐고, 앤드로지너스 androgynous 룩을 분석하는 논문을 썼죠. 의복에서 남성 코드와 여성 코드라는 것이 어떻게 만들어졌으며, 변화했는가를 정리하려는 시도였다고 말할 수 있을 것 같아요. 동서양의 문화적 해석 차이도 포함시켰고요.

논문을 쓸 정도로 흥미를 갖게 된 건 굉장히 특이한 것 같아요.

당시가 프랑스에서 동성혼이 법제화됐을 때라 퀴어, 젠더 이슈를 언론에서 접하기 쉬웠어요. 시대적인 상황이 맞물렸던 것 같아요. 또 자연스럽게 관심을 두게 된 이유 중 하나가 제가 그곳에서 외국인이었기 때문이에요. 특별한 사건이 있었던 건 아니지만 몸으로 느끼는 차별이 있었죠. 게이가 아니냐는 질문도 많이 받았어요. 왜 그런 걸 물어보냐고 하니까 특정 제스처가 여성스러워서 게이인 줄 알았다고 하더라고요. 그런 부분들이 흥미로웠어요. 왜 사람들이 이런 인식을 하고 있고, 그렇게 사람을 판단하는지, 연구할만한 주제가 되겠다고 생각했죠. 계속 마음속에 품어왔던 의문들도 있었던 것 같아요. 교회에서 페미니즘을 접했을 때 거기서 말하는 시스젠더, 헤테로hetero*적이거나 남성 중심적인 내용이 윤리와 상충되고 상호모순을 일으킬 때도 많았고요.

"특별한 사건이 있었던 건 아니지만 몸으로 느끼는 차별이 있었죠. 게이가 아니냐는 질문도 많이 받았어요. 왜 그런 걸 물어보냐고 하니까 특정 제스처가 여성스러워서 게이인 줄 알았다고 하더라고요. 그런 부분들이 흥미로웠어요."

어떤 점들이 상충된다고 느꼈나요?

예를 들어 다윗과 밧세바에 대한 이야기를 할 때 훔쳐보고 강간하고 심지어 살인까지 한 건 다윗인데 가만 들어보면 밧세바를 음란한 여자인 것처럼 묘사하는 설교들이

*이성애.

많아요. 처음에는 몰랐는데 점점 이해가 안 되기 시작했어요. 그리고 교회에서는 형제들이 시험에 들 수 있으니 여성에게 항상 단정하게 입으라는 말들을 너무 스스럼없이 얘기하잖아요. 하나하나 모순적인 부분들이 많아요. '원래 그런 거지' 하고 생각을 안 하는 거죠. 그런데 우리가 성차별적 사회에 대해 인식을 하고 나면 그 잘못된 부분만 계속 보이게 돼요. 그런 부분들이 많았어요.

여전히 기독교를 종교로 갖고 있나요?

페미니즘을 접하고 퀴어에 대해 공부하게 되면서 오히려 기존의 교리 갈등이 해소되는 느낌이었어요. 지금은 성 소수자들에게 열려 있는 교회를 다니고 있고요.

스스로 페미니스트로 정체화하는 게 어렵진 않았나요?

처음에는 페미니스트로 생각을 하진 않았어요. 남자가 어떻게 페미니스트일 수 있냐는 말을 많이 하잖아요. 굳이 인정하지는 않으려 했는데 '젠더 스터디' 선생님들이 "너는 페미니스트다"라고 말씀하시는 거예요. "어떤 이데올로기적 관점 속에서 여성 문제를 다루고, 성소수자 문제를 다루는 학자이기 때문에 너는 페미니스트다"라는 거죠. 그때 페미니스트라는 건 선언하고 실천하는 것이라고 느꼈어요.

물론 남성 중에는 스스로 '앨라이ally'*나 '프로페미니스트profeminist'**라고 지칭하는 경우도 많고, 동조나 지지하는 존재 정도가 맞지 않냐는 말도 있어요. 남성이 전면에서 목소리를 내는 과정에서 여성들의 목소리를 앗아갈 수 있고 그 안에서 발화 권력을 쥐게 되기 때문에 주저하는 거죠. 어느 정도 동의하지만 그럼에도 저는 저를 페미니스트로 선언하고 그렇게 행동하고자 노력하고 있어요. 당사자가 아니니까 뒤에 물러서서 응원하고 지지만 하는 것도 맞는 일이지만 그러다가 어느 순간 '이건 내 일이 아니니깐', '맞장구만 치면 되지' 같은 식으로 너무 소극적이고 무책임하게 될 수 있겠다는 생각이 들었어요.

그분들은 아니지만 저는 그렇게 될 수 있다는 걱정이 있었어요. 제 머릿속에서 페미니스트는 성평등을 지향하고 모든 사람들이 자기가 원하는 그대로의 모습으로 살아갈 수 있도록 차별 없는 세상을 위해 노력하는 사람이고 그렇다면 숨기지 않고 드러내서 다른 사람들에게 영향을 끼쳐야 한다고 생각해요.

*성 소수자를 지지하는 사람.
**페미니즘에 동의하거나 지지하는 사람.

"당사자가 아니니까 뒤에 물러서서 응원하고 지지만 하는 것도 맞는 일이지만 그러다가 어느 순간 '이건 내 일이 아니니깐', '맞장구만 치면 되지' 같은 식으로 너무 소극적이고 무책임하게 될 수 있겠다는 생각이 들었어요."

SNS에서 페미니즘 이야기를 하고 있는데, 저항하는 남성들도 있을 것 같아요.

페미니즘이나 인권에 대해 이야기하려고 SNS 계정을 만든 게 아니었어요. 옷을 좋아하고 꾸미는 걸 좋아해서 패션 정보를 공유하려고 SNS를 시작했어요. 그래서 페미니즘에 대한 이야기를 시작했을 때 사람들이 큰 저항 없이 받아들였던 것 같아요. 고정적인 젠더 이미지를 재현하는 옷에 의문을 품게 된 분도 있고요. 그래도 신고를 하는 분들은 종종 있어요.(웃음)

"페미니스트가 되기 전엔 두루두루 인기가 좋았다"는 말을 남기기도 했어요.

실제로 더 좋았던 것 같아요. 정치적으로 민감한 이야기없이 패션 정보나 이미지만 전달했으니까요.

남성 세계 혹은 남성 연대에서 벗어나는 것에 두려움은 없었나요?

저는 호모소셜homosocial*에 속한 적이 거의 없었어요. 군대가 유일했어요. 거기서도 딱히 어울리거나 한 건 아니었고요. 어렸을 때부터 남자들끼리 모여서 피씨방, 당구장 가고 축구하고 그런 것들을 안 좋아했어요. 예쁜 거 보고 꾸미고, 앉아서 책을 보거나 음악 듣는 걸 좋아했죠. 남자들 또래 집단에서 인정을 받거나 속하고 싶었던 적이 살면서 한 번도 없었어요. 애초에 소속감을 느낀 적이 없었으니까 크게 혼란이나 한계를 못 느꼈었던 것 같아요.

"남자들 또래 집단에서 인정을 받거나 속하고 싶었던 적이 살면서 한 번도 없었어요. 애초에 소속감을 느낀 적이 없었으니까 크게 혼란이나 한계를 못 느꼈었던 것 같아요."

*동성사회성, 주로 섹슈얼리티를 배제한 남성 간 연대.

그럼에도 힘든 부분은 없었는지.

조심스러운 건 있었어요. '이건 내가 말해도 되겠다' 혹은 '이건 내가 말하면 선 넘는 거다' 구분을 해야 하니까요. 남자인 만큼 말하지 말아야 하는 것들이 있고 성 소수자 의제 안에서도 내 이야기인 것처럼 말하면 안 되겠다 하는 게 있어요. 그런데 제가 그걸 당사자인 것처럼 말해야만 살 수 있는 건 아니잖아요. 또 그 문제에 있어서 더 말씀을 잘하실 분들이 많이 있는데 굳이 내가 왜? 하는 생각도 있는 거죠.

넘지 말아야 할 선은 어떤 선인가요.

내가 그 사람이 된 것처럼, 내가 마치 그 사람인 것처럼 이야기하는 건 거짓말이 되는 것 같아요. 예를 들어 여성들이 살아가면서 느끼는 고통이나 경험을 이야기할 순 없어요. 이런 것이 있다고 들었다, 보았다고 말하는 것과 내가 당사자가 된 것처럼 말하는 건 좀 다르잖아요. 그래서 그게 항상 중요한 것 같아요. '나는 당사자가 아니라 제3자일뿐이라고 명확하게 거리를 두되, 비겁한 중립을 취하지는 않겠다'라는 걸 단호하게 보여주는 거죠. 선을 넘지 않는 게 연대의 한 방법이지 않을까 생각

하고 있어요.

"내가 그 사람이 된 것처럼, 내가 마치 그 사람인 것처럼 이야기하는 건 거짓말이 되는 것 같아요. 예를 들어 여성들이 살아가면서 느끼는 고통이나 경험을 이야기할 순 없어요. 이런 것이 있다고 들었다, 보았다고 말하는 것과 내가 당사자가 된 것처럼 말하는 건 좀 다르잖아요."

중립을 취하는 게 비겁한 일이 되는 이유는 어째서일까요.

완벽한 중립은 불가능하다고 생각해요. 사회적 상황이 이미 남성 중심적이고 이성애 중심적이니까요. "세상에 그런 게 어딨어"라고 누군가 물어본다면 당신에게 헤테로인지 물어보는 사람이 있느냐고 되묻고 싶어요. 트랜스젠더의 경우에 외부에서 화장실 가는 일만으로 불편함을 겪잖아요. 분명히 기울어진 판이 존재하는데 이걸 인정할 수 없다고 말하는 사람들과는 더 이상 할 얘기가 없어져요. 우리가 함께 이야기를 하려면 전제에 동의를 해야 토론을 할 수 있는데 거부하면 아무 소용이 없으니까요. 역사의 과정을 보여주면서 설득할 수야 있겠지만 그건 별개의 문제죠.

기울어진 판이 존재한다는 데 동의하면서도 중립을 말한다면 그건 발을 빼겠다는 말이에요. '나는 비록 남자고 헤테로이지만 이런 일에 책임을 지고 싶지 않다', '나는 아무것도 안 했으니 잘못이 없다.' 그러면서도 보편적인 남성의 입장으로 대화의 중심이 되려 하고 자기중심적으로 논점을 흐린다면 비겁한 거죠.

어떤 일에 대해서는 침묵해야 돼요. 사건에 따라 생각할 수 있는 시간적 여유가 필요할 때도 있고 모르는 부분이 있을 수 있으니까요. 자극적으로 말을 얹고 주목받는 스피커가 되는 방식은 지양해야죠. 하지만 그냥 양비론적 태도, 젠더 '갈등', '논란'이라는 식의 표현과 남초, 여초 간의 대립이라는 식의 중립을 가장한 태도는 여성혐오와 폭력을 납작하게 누르는 것 같아요. 주로 '나는 여성혐오자는 아닌데'라는 식으로 시작하죠.

"완벽한 중립은 불가능하다고 생각해요. 사회

적 상황이 이미 남성 중심적이고 이성애 중심적이니까요. "세상에 그런 게 어딨어"라고 누군가 물어본다면 당신에게 헤테로인지 물어보는 사람이 있느냐고 되묻고 싶어요."

반대로 페미니즘을 알아갈수록 깊게 동조하고 감정적으로 반응할 수도 있는 것 같아요. 때로는 여성을 설득하는 상황이 되기도 하고요. 어떻게 균형감각을 유지할 수 있을까요?

어떻게 되든 페미니즘에 대해서 알게 되는 건 중요한 것 같아요. 남성으로 살았기 때문에 몸으로 겪은 게 없으니, 다른 사람의 사유나 경험을 통해 알아갈 수밖에 없죠. 우리 자신의 경험은 한정적이기 때문에 그건 필요한 일이라고 생각해요. 선을 넘을 것 같다는 걸 알아차리는 게 중요한 것 같아요. 선을 넘을 것 같다고 느낀다면 내가 조급하게 너무 많은 말을 하려고 하는 게 아닌가 생각해야 해요. 누군가를 설득할 때 또박또박 통계를 대고 이론을 설명한다고 설득이 되는 건 아니잖아요. 살아오면서 몸에 배어 있는 태도가 있고 가치관이 있는데 한순간에 변할 수는 없어요. '내가 설득해서 바꿔야지' 보다

는 '나는 이런 가치관을 갖고 있고, 이걸 같이 나누고 싶다' 하고 조금씩 다가가야 하는 것 같아요.

"'내가 설득해서 바꿔야지' 보다는 '나는 이런 가치관을 갖고 있고, 이걸 같이 나누고 싶다' 하고 조금씩 다가가야 하는 것 같아요."

어렸을 때부터 전형적인 남성성을 좋아하지 않았다고 하셨는데요. 페미니즘에 좀 더 열려 있는 남성들의 특정한 유형이 있는 걸까요?

다른 남성들에 대해 제가 얘기할 수는 없을 것 같아요. 그 부분에서는 더 명철한 분석을 내려주실 분들이 있을 거라 생각해요. 개인적인 이야기를 좀 더 해보자면, 저는 어렸을 때 부정적인 남성성의 이미지를 먼저 접했던 것 같아요. 술 마시고 싸우고 행패 부리는 사람들, 그런 것들에 노출된 경험이 있었어요. 그렇다고 여성성이라고 부르는 것들에 끌리는 것도 아니었어요. 중성적인 것들을 멋있고 아름답다고 생각한 거 같아요. 예를 들어 베르사유의 장미의 오스카 같은 이미지들.

그럼에도 성차화하는 환경 안에서 자랐기 때문에 남자에게 어울리는 행동을 학습 받았겠죠. 유치원 때 선생님이 "예쁘다"고 하신 말에 울었던 적도 있어요. 난 남자고, 멋있다, 잘 생겼다는 말을 들어야 하는데, 선생님이 여자에게 하듯 예쁘다고 했고 그래서 여자가 됐다는 불안감에 울었던 것 같아요. 만약에 제가 영웅적이거나 긍정적인 남성성에 노출됐으면 그걸 선망했을 수도 있겠죠.

남성성이나 남성 연대에서 배제됐을 때 여성화되는 경향이 있을 수 있겠다는 생각도 했어요. 사회적으로 약자의 위치에 처하면 유사한 혐오적인 대우를 받게 될 때가 있잖아요. 그런 경험들은 여성으로서의 체험이 될 수 있지 않나요?

여성으로서의 체험이라고 말할 수는 없는 것 같아요. 자신이 겪었던 차별과 어려움을 통해서 다른 소수자들이 겪는 어려움을 이해하거나 공감대를 넓혀가는 거죠. 남자도 다 같은 남자는 아니에요. 남자인 동시에 한 사람을 구성하는 요소들은 다양하잖아요. 나이, 인종, 지역, 종교, 지향성 그런 정체성들이 복잡하게 얽히고설키는 과정에서 내 문제에서 관점을 확장해 다른 문제들로 눈길을 돌리고 귀를 기울이거나 다른 문제를 통해서 내 문

제로 돌아오는 식이 되겠죠. 사회적 약자로서의 경험이 여성으로서의 경험이 될 수 있다고 말할 수는 없을 것 같아요.

예를 들어 어느 미술 작가의 퍼포먼스가 논란이 된 적이 있어요. 전시에 초대된 사람 중에 '창녀'를 찾으면 돈을 주겠다고 했어요. 논란이라고 말한 이유는 그 전시를 긍정적으로 생각한 사람도 있었기 때문이에요. 어떤 평론가는 작가가 동양인으로서 겪었던 소외와 차별을 성 노동자의 지위와 동일시했다고 평가했어요. 말이 되지 않는다고 생각해요. 사회적으로 소수자가 겪는 차별과 경험이 여성들이 겪는 그것과 닮아 있을 수는 있지만 같다고 할 수 있을까요? '소수자이기 때문에 나는 여기에 대해서 말할 수 있어, 말할 자격이 있어'는 아닌 것 같아요.

동료가 될 수 있는 거네요.

그렇겠죠.

단순하게 대입할 수는 없겠지만 페미니즘 이론에서는 소수자에 대한 이야기들이 많이 나와요. 어떻게 연결되는 걸까요?

여성을 여성으로만 다루는 건 불가능하다고 생각해요. 사회에서는 여성이라는 존재를 규정할 때 당연히 이성애자로, 비장애인으로 어떤 가부장적인 이상적 모델을 강제적으로 부과하잖아요. 하지만 여성 중에는 장애인도 있고 성 소수자도 있어요. 그 사람을 구성하는 여러 가지 정체성 중에 나머지를 지우고 여성으로만 바라보는 건 일방적인 대상화예요. 동료 시민으로 바라보지 않는 거죠.

성 소수자 여성, 장애인 여성에 대해 '나는 당신의 여성 정체성만을 바라볼 거야'라고 한다면 그들이 고마워할까요. 실제로 분노하는 사례도 봤어요. 장애인 여성에게 장애인 남성과 별도로 여자인 당신과만 연대할 거라고 한 사람에게 당사자가 왜 자신을 여성으로만 보냐고 했어요. 왜 자신의 정체성 중에서 입맛대로 취사선택해서 바라보냐고요. 페미니즘이 여성이라고 하는 정관사 단수 형태의 가부장제 남성 우월주의의 일방적 규정을 거부하고 여성과 인간을 고민하게 되는 과정에서 자연스럽게 다양한 소수자 정체성과 이어질 수밖에 없는 것 같아요.

"그 사람을 구성하는 여러 가지 정체성 중에 나머지를 지우고 여성으로만 바라보는 건 일방적인 대상화예요. 동료 시민으로 바라보지 않는 거죠."

페미니즘을 무엇이라고 말할 수 있을까요?

페미니즘을 한마디로 정의할 자신은 없지만, 저는 페미니즘이야말로 휴머니즘을 가장 섬세하고 급진적으로 확장하는 개념이라고 생각해요. 백인―남성―어른이라는 협소하고 한정된 존재만을 인간으로 간주하는 휴머니즘을, 비백인 여성 아이 등으로 확장하는 이상적인 휴머니티로 변화시키는 것 같아요. 그 바탕에서 페미니즘은 위계와 차별 없이 내가 원하는 스스로가 될 수 있는 탈중심적이고 다중심적인 특징을 만들어내요.

'평등한 세상이 되려면 페미니즘이 여자, 남자의 권리를 똑같이 주장해야 하는 거 아니냐'라고 질문할 수 있겠지만 이미 차별적인 세상이에요. 차별이 고착화되어 있고 사회적 구조들이 다 만들어진 상황에서 '이 정도면 됐지'

라고 말하는 건, 그것 자체가 또 다른 위계와 차별을 만
드는 거예요. '옛날에 비하면 충분히 성평등한 사회인데
뭘 더 바라는 거야'라는 말이 이미 명백한 성차별이고 여
성혐오인 거죠.

그래서 남성 중심 사회에서 여전히 동료 시민으로 인정
받지 못하고 배척당하는 존재들. 여성, 성 소수자들이
운동의 중심이 될 수밖에 없고요. 우리가 모두 행복한
방향을 찾아가는 과정이죠. 일부만 행복한 사회가 아니
라 나도 행복하고, 너도 행복한 사회 그래서 우리 모두
가 행복한 사회요.

**"'이 정도면 됐지'라고 말하는 건, 그것 자체가
또 다른 위계와 차별을 만드는 거예요. '옛날에
비하면 충분히 성평등한 사회인데 뭘 더 바라는
거야'라는 말이 이미 명백한 성차별이고 여성혐
오인 거죠."**

그럼에도 우리 사회에는 안티페미니즘이 많이 존재하는 것 같

아요. 어떻게 대처할 수 있을까요?

저는 여성혐오적 행동이나 페미니즘에 부정적인 태도가 부끄러운 일이라고 생각해요. 제 주변 분위기는 페미니즘에 적극적으로 동조하지 않을 순 있지만, 편파적이고 폭력적인 언행을 하는 사람은 비정상적이라는 인식이 있어요. 노골적인 성차별과 성폭력이 우리 주변에 여전히 존재한다는 사실은 분명하잖아요. 그래서 혐오적인 표현을 한다는 건 스스로 열려 있지 않고 체면을 깎아내리는 행동이라는 당연한 상식이 있어요. 그런 부분에서 출발하는 것도 좋은 것 같아요. 공감하지 못하는 사람을 부끄럽게 만드는 방법이요.

남성들이 맨박스 때문에 겪는 어려움을 해결해줄 수 있다는 식으로 페미니즘을 이야기하는 전략이 있었잖아요. 남성성을 증명하기 위해 겪는 고통에서 자유롭게 해준다는 이야기들이요. 좋은 방법이지만 누군가는 듣고 싶은 것만 듣는 경향이 있는 것 같아요. 남성성 때문에 힘들지 않냐는 말이 그들에게는 하나의 증명이 되는 거죠. 그렇게 말했더니 또 '나만 군대 가서 고생하고, 나만 취업 안 되고, 나만 힘들게 일하고, 나만 어렵게 사는' 불쌍하고 가련한 나만 이야기하는 분들이 있어요. 스스로 자기 연민에 빠지고 자신을 피해자로 정체화함으로써 안티테제로 페미니스트를 악마화하고 분노하는 거죠.

그렇다고 입을 막는 일이 해결책이 되는 것 같진 않아요. 그게 우리 사회에서 노골적으로 드러나고 있는 여성차별, 젠더 폭력들을 특정 커뮤니티 유저들의 문제로 국한할 수 있다고 생각해요. '이런 말 하는 사람들 그런 커뮤니티 사람들이잖아, 나는 잘 몰라, 나는 달라'라고 말함으로써 오랜 시간 동안 뿌리내리고 있는 성차별을 갈등이나 논란 따위로 만들 수 있는 태도인 거죠.

무엇이 정답인지는 잘 모르겠어요. 저 같은 경우에는 주변 사람들을 하나하나 설득하고 바꿀 수 있다는 기대는 하지 않아요. 상대방도 충분히 이성을 갖고 있고 스스로 판단할 수 있는 사람이니까요. 적극적으로 행동하거나 투쟁을 통해 긍정적 변화를 이끌어내시는 분들이 분명히 있어요. 제가 할 수 있는 건, 설득보다는 전달인 것 같아요. 전공을 했으니까 같은 말도 다르게 표현할 수 있고 아무래도 더 자세히 알고 있는 부분도 있잖아요. 저는 제가 할 수 있는 일을 하는 거죠.

아무리 해도 안 되고 안티페미니스트로 살기로 결심한다면 어쩔 수 없는 것 같아요. 그건 그 사람 의지의 문제죠. 본인 스스로 뒤처지겠다는데 제가 어떻게 할 수 있는 건 아니잖아요. 어쩌면 저는 남자이고 또 남성 연대에 소속감이 없었기 때문에 그래서 정도 없기 때문에 이런 생각이 가능한 것 같아요.

"스스로 자기 연민에 빠지고 자신을 피해자로 정체화함으로써 안티테제로 페미니스트를 악마화하고 분노하는 거죠."

차별에 찬성하는 사람들이 막상 이 사회에서 잘살아가고 있는 기득권이 아니라는 것도 재미있어요.

남성의 충위가 다양하니까요. 알파메일에 속하는 권력을 가진 사람도 있지만, 아닌 사람도 많죠. 남성 안에서도 다양한 충위가 있기 때문에 이런 차이를 아는 게 남성성을 알아가는 데 중요한 것 같아요. 호주의 사회학자 레윈 코넬Raewyn Connell은 이 사회를 지탱하고 있는 여성 차별과 여성 혐오의 기반이 되는 남성 지배를 무너뜨릴 수 있는 방법은 결국 남성성의 이해라고 했어요.

그런데 성차별에 대해 이야기할 때는 항상 차이가 사라지는 것 같이 보여요. 단일한 남성 세계에 여성들이 끼어드는 것처럼 말하잖아요.

사실 살면서 나 자신의 계급성에 대해서 고민하는 사람은 많지 않잖아요. 그런 고민이 필요 없을 만큼 교묘하게 구조화된 사회거든요. 그러다 보니까 남자이기 이전에 그냥 개인일 뿐이라고 생각하죠. 그러면서도 남성의 역할을 수행하면서 살아가고 있기 때문에 남자로서 마

"사실 살면서 나 자신의 계급성에 대해서 고민하는 사람은 많지 않잖아요. 그런 고민이 필요 없을 만큼 교묘하게 구조화된 사회거든요. 그러다 보니까 남자이기 이전에 그냥 개인일 뿐이라고 생각하죠."

땅히 누려야 하는 것들에 대한 보상심리는 갖고 있고요. 자신이 갖고 있는 건 차별로 인식하지 않는 거죠.

남성 하나하나가 지배 권력과 동일시한다기보다는 사회가 이미 그렇게 구성돼 있다고 볼 수 있겠네요.

그래서 한 명 한 명 설득하기 어려운 것 같아요. 그 사람이 스스로 인식을 못 하고 있는 상황에서 아무리 얘길 해도 안 되거든요. 남성성이란 것이 자연적인 것이 아니라 어떻게 만들어져서 오늘날에 이르렀는지 연대기적 사실을 언어화하고 그걸 다양한 콘텐츠로 만들고 공유해야겠죠. 그렇게 담론이 형성되고요. 일일이 개인들에게 '너의 계급적 위치를 확인하고 부채 의식을 가져라'라고 말할 수 없잖아요.

학문이라는 분야는 너무 느린 것 같기도 해요.

생각보다는 느리지 않아요. 굉장히 새로운 개념을 제시하면서 빠르게 사회에 전달되는 경우가 있어요.

다른 방법은 없을까요?

문화적인 방법도 유용한 것 같아요. 다양한 장르의 문

화·예술 콘텐츠나 공연·전시는 학문 분야와 다른 힘이 있는 것 같아요.

하지만 『82년생 김지영』 같은 경우에 많은 사람이 읽고 공감했음에도 일부 남성들은 현실에 대한 과잉반응으로 받아들이기도 했잖아요.

더 많아져야 하는 거죠. 넷플릭스에서도 여러 가지 퀴어 서사 콘텐츠들이 나오고 있거든요. 물론 지금은 많은 사람이 보지 않겠지만 계속해서 그런 이야기들이 나오고 사람들이 발견하게 되면 우리 주위에 다양한 정체성을 가진 사람들이 있다는 걸 알게 될 거예요. 그렇게 되면 단번에 사람들이 바뀌진 않더라도 다른 사람들을 존중하고 함부로 말하지 않는 분위기가 만들어질 것 같아요.

인권 증진이나 차별 철폐에 있어서는 단계가 있다고 생각하지 않아요. 차별금지법 같은 경우에는 국민 합의를 기다리고 있을 수는 없다고 봐요. 국민 합의를 기다리겠다는 건 끝까지 거부하겠다는 핑계나 다름없는 것 같아요. 그런 과정과 별도로 문화 콘텐츠들이 보편화될 필요가 있어요. 또 그런 활동을 하는 페미니스트들에게 힘을 주기 위해 연대를 만들고 함께 고민하는 일도 필요하고요.

"인권 증진이나 차별 철폐에 있어서는 단계가 있다고 생각하지 않아요. 차별금지법 같은 경우에는 국민합의를 기다리고 있을 수는 없다고 봐요."

사람들을 불편하게 만들어야 하겠네요.

네. 저도 저 스스로를 불편하게 하려고 해요. 그래야 한마디라도 조심하게 되니까요.

우리나라 퀴어 담론에 대해서는 어떻게 생각하나요?

다양한 분야의 활동가분들과 선생님들이 너무 좋은 글을 쓰시고 있고 좋은 인사이트들을 제공해주시기 때문에 이미 충분히 좋다고 생각해요. 예를 들어 최근에 나온 『퀴어돌로지』라는 책은 퀴어 담론으로 케이팝을 사유하는 굉장히 획기적인 텍스트인 것 같아요. 현재 활동하고 있는 연구자들이 얼마나 다양하게 고민하고 또 얼마나 섬세하게 언어화하는지 너무 잘 보여주고 있다고 생각해요. 이런 책들에 대한 격려와 지원이 더 필요한 것 같아요. 좋은 책들과 연구 결과물이 꾸준히 번역되고 출판되는 환경이 갖춰지면 좋을 것 같아요. 홍보 지원이나 후원도 필요하고요.

그래서 여성가족부 같은 정부 기관의 역할이 중요할 텐데요.

그렇죠. 없앤다는 건 말이 안 되는 거죠.

남성 페미니스트가 할 수 있는 역할이 있다면 무엇일까요?

사실 저는 저 자신을 그냥 페미니스트라고 생각하지 남성 페미니스트라고 생각을 하진 않아요. 남자라는 사실을 무시하겠다는 건 아니지만 젠더 스터디 지식노동자로서 활동하는 게 제 안의 더 큰 정체성이거든요. 그러다 보니 제가 할 수 있는 일을 하려고 노력하는 것 같아요. 다양한 자료들을 번역해서 제공하고 강연도 열고 평상시에서는 차별에 대한 이야기도 하고요. 그리고 사진 촬영을 좋아하고 꾸준히 찍고 있어서 만약에 시위나 캠페인이 있다면 현장 기록 활동으로 참여하고 싶어요.

현재 연구하고 있는 주제가 있다면 어떤 내용인가요?

일상에서 각자가 어떤 방식으로 성차화된 이분법을 탈피하고 자기 자신을 만들어 가는지, 그 모습을 예술사회학적인 방법론으로 기록하고 분석하고 싶어요. 그래서 꾸준히 사진을 찍고 대화를 나누는 일을 하고 있고요. 그 외에는 여러 텍스트를 읽고 주변 연구자들과 나누는 게 대부분인 것 같네요.

"일상에서 각자가 어떤 방식으로 성차화된 이분법을 탈피하고 자기 자신을 만들어 가는지, 그 모습을 예술사회학적인 방법론으로 기록하고 분석하고 싶어요."

페미니즘에 대해 알고 싶어 하는 사람들에게 추천하고 싶은 책이 있나요?

『시스터 아웃사이더』와 『시크』를 추천해요. 둘 다 흑인 페미니스트가 썼고 그런 점에서 교차성을 이해하는 데 좋은 책이라고 생각해요. 또 정확히 페미니즘을 다루지

는 않지만 여러 소수자와 젠더 정체성 이야기를 저널리즘적으로 해석한 『혐오사회』도 추천 드리고 싶어요.

앞으로 페미니즘 실현은 어떤 모습으로 진행될까요?

아직 의견이 분분하긴 하지만 제4물결을 이야기하는 분들이 있어요. 인터넷, SNS 중심의 담론 형성과 영화·음악·미술 같은 콘텐츠의 문화적 생산, 보급을 통해 페미니즘의 목소리를 전하고 다양한 정체성이 드러난다는 거죠. 그래서 아마도 앞으로는 일상 속에서 우리가 향유하는 것들을 통해 서서히 스며들게 되지 않을까 그런 생각을 하고 있어요. 그렇게 됐으면 좋겠다는 바람이기도 하고요.

02

이 한

페미니즘
활동가로
살아가기

이 한

'남성과 함께하는 페미니즘' 활동가
연구서 『남성 페미니스트를 찾아서』

스스로 페미니스트라고 생각하나요?

사라 아메드의 『페미니스트로 살아가기』라는 책에 이런 말이 나와요. '페미니스트가 된다는 것은 학문적 차원의 성차별은 물론 일상적이고 평범한 성차별주의에 도전하는 것이며 또 그래야만 한다. 이것은 선택사항이 아니라 페미니즘을 페미니스트로 만드는 것이다.' 페미니스트는 페미니즘을 실천하기 위해 계속해서 노력하는 사람이라고 생각해요. 그런 의미에서 저 역시 페미니스트라고 이야기하고 있어요.

현재 어떤 활동을 하고 있나요?

'남성과 함께하는 페미니즘'(이하 '남함페')이라는 단체를 운영하고 있고 성평등 교육 활동도 하고 있어요.

"남함페"는 어떤 단체인가요?

남성, 남성성이라는 의제를 중심으로 함께 페미니즘을 공부하고 실천하기 위한 단체에요. 꼭 남성이 아니더라도 다양한 정체성을 가진 사람들이 함께 어우러져서 활동을 하고 있어요. 주로 강연/교육이나 모임, 세미나를 진행하고 있고 캠페인을 열기도 해요. 집회·시위가 열렸을 때는 힘을 보태기도 하고요.

대외적으로는 어떤 활동을 했나요?

몇 년 전 곰탕집 성추행 사건이 있었을 때 2차 가해를 규탄하는 시위를 했어요. 2019년에는 안희정 위력 성폭력 사건 관련 집회, 작년에는 손정우 송환 불허 규탄 집회에 참여했어요. 또 불법 촬영 규탄 시위에 참여하기도 했고요. 불법 촬영물 시청을 처벌할 수 있는 조항이 2020년 6월에 생겼어요. 그전에는 규제할 수 있는 제도가 마땅치 않았죠.

남성 페미니스트로서의 역할을 동조자나 조력자의 위치로 보는 사람들이 많은 것 같아요. '남함페'는 어떤 위치에 있다고 할 수 있을까요?

성차별 문제가 정말 심각하고 해소하기 위해서는 모두 함께 목소리를 내야 한다고 생각해요. 그런데 여태까지 남성의 목소리는 부재했던 것 같아요. 세상의 절반이 함께해야 이 문제가 빠르게 개선될 수 있다고 생각해요. '남함페'는 남성들이 이 문제에 관심을 갖게끔 요청하고,

관심을 갖고 있는 사람들에게는 조금 더 쉽게 문턱을 넘어올 수 있게끔 도와주는 역할을 목표로 하고 있어요.

"여태까지 남성의 목소리는 부재했던 것 같아요. 세상의 절반이 함께해야 이 문제가 빠르게 개선될 수 있다고 생각해요."

아직 남성들이 페미니즘에 많이 열려있지는 않은 것 같아요. 어떻게 접근하고 있나요?

많은 남성이 '이건 내 문제가 아니야' 혹은 '내가 할 수 있는 게 뭐가 있겠어'라고 생각하는 것 같아요. 기본적으로 여성 단체나 여성들만의 일이 아니라 남성들이 함께 관심을 기울여야 하는 문제라는 점을 말하고 있어요. 그리고 다른 남성들을 비난하는 것에서 그치는 게 아니라 그 사람들의 속도에 맞춰가려고 노력하고 있고요. 남성들이 관심이 없는 게 그저 게을러서라고 생각하지는 않거든요. 주변 공간에서 '이 문제가 내 문제다'라는 걸 들을 수 있는 기회가 부족했기 때문이라고 생각해요. 그래서 기회를 늘리기 위해 교육 쪽으로 다가가고 있고, 원하는 사람들에게는 자신의 속도에 맞춰 공부할 수 있도록 함께하고 있어요.

"다른 남성들을 비난하는 것에서 그치는 게 아니라 그 사람들의 속도에 맞춰가려고 노력하고 있고요. 남성들이 관심이 없는 게 그저 게을러서라고 생각하지는 않거든요. 주변 공간에서 '이 문제가 내 문제다'라는 걸 들을 수 있는 기회가 부족했기 때문이라고 생각해요."

남성들이 페미니즘을 쉽게 받아들이지 못하는 건 어떤 이유 때문일까요?

불편한 감정이 있는 것 같아요. 저도 페미니즘을 처음 공부했을 때, 원치 않아도 가부장의 수혜를 받아 왔고, 받고 있다는 걸 인정하는 게 어려웠어요. 남자로 태어나서 떵떵거리면서 살지도 않았고, 권력이 있다 해도 나의 의도와는 무관할 수 있잖아요. 그럼에도 분명히 피해를 받는 사람들이 있어요. 편하게 택시를 타지 못하고, 편하게 골목길을 걸을 수 없는 사람들이 있어요. 우리는 그들이 당하는 위협을 당한 적이 없어요. 그것 자체가 굉장한 특권인 거죠.

우리 사회의 젠더 권력으로 인해 내가 특권을 누리고 있다는 것과 누군가가 피해를 겪는다는 사실을 처음 인정하는 게 쉬운 일은 아닌 것 같아요. 또 반대로 페미니즘을 통해서 자신의 잘못을 새롭게 인식할 수도 있고, 심한 죄책감에 빠질 수도 있어요. 그렇다고 도망치면 안된다고 생각해요. 현실을 마주하고 우리가 어떻게 같이 바꿀 수 있을까를 고민하고 실천하지 않으면 분열은 더 커질 수밖에 없어요. 심지어 있는 차별을 없다고 말하는 지경에 이르기도 하잖아요.

"우리 사회의 젠더 권력으로 인해 내가 특권을 누리고 있다는 것과 누군가가 피해를 겪는다는 사실을 처음 인정하는 게 쉬운 일은 아닌 것 같아요."

남성과함께하는페미니즘

남성연대에 균열을 내고 함께 페미니즘을 공
단체입니다.

실천하기 위한

쓰레기, 에너지
먹거리의 ...
없애는 참...을
...에는 실험실

미디어
회의 공간
언택트 랩

언택트 랩

찾는
공간
공간

기술을 배우는
기술작업장

기술을 배우는
기술작업장

누군가는 편하게 '한국남자'로 살면 더 좋지 않냐고 반문할 수도 있을 것 같아요.

편할 수 있죠. 그런데 저는 함께 살기 위해서는 페미니스트가 될 수밖에 없다고 생각해요. 남성뿐만 아니라 여성과 함께 사는 거잖아요. 같이 잘 살기 위해선 상대방이 뭘 좋아하는지 뭘 싫어하는지 관심이 있어야 해요. 어떤 환경에 놓여 있는지 어떤 괴로움이 있는지도 잘 알아야 하고요.

그런데 왜 여성들이 당연한 권리를 요구하는 걸 파이 문제로 느끼는 걸까요?

너무 익숙해서 이해하지 못하는 것 같아요. 교육이 부재하기도 했고요. 강의하면서 서로 언어가 다른 거라는 이야기를 해요. 우리는 한국어가 편하고 익숙하니까 쉬워 보이잖아요. 근데 외국인들이 공부하는 한글 책을 보면 너무 어렵고 낯설어서 놀라거든요. 예를 들어 시계를 볼 때 1시, 2시, 3시라고 하지 않고 한시, 두시, 세시라고 하잖아요. 분 단위는 또 한분, 두분, 세분이 아니에요. 일분, 이분, 삼분이라고 하죠. 그런 것처럼 우리가 너무나 당연하게 여겨온 방식들이 누군가에게는 자연스러운 게 아닐 수 있는 거예요. 우리 사회에 차별과 폭력이 너무나 당연하게 자리매김하고 있기 때문에 모르고 있을 뿐이죠. 그런 이야기들을 나눌 수 있는 자리가 많아져야 한다고 생각해요.

어떻게 페미니즘에 관심을 갖게 됐나요?

시대적인 영향이 컸던 것 같아요. 대학 다닐 때 '페미니즘 리부트'를 겪었어요. 그 시기에 주변 친구들 모두가 페미니즘에 대해서 이야기했어요. 2016년에는 강남역 여성혐오 살인사건이 있었고요. 그러면서 조금씩 관심을 갖게 된 것 같아요.

남자가 페미니스트가 된다는 것에 대해서도 이해하지 못하는 사람들이 많아요. 활동가가 되는 건 더 어려운 일 같은데 특별한 동기는 없었나요?

대학에서 인문학을 배우고 있었기 때문에 사회적인 문제에 관심이 많았어요. 처음에는 청년 활동으로 시작했어요. 그러다가 페미니즘을 공부하면서 '남함페' 활동을 하게 된 거죠. 이 문제가 가장 심각하다고 생각했던 것 같아요. 눈앞에서 너무나 말이 안 되는 일들이 벌어지고

있었고, 주변에서 많은 사람이 경험할 정도로 가까운 문제였으니까요.

그러면서 자연스럽게 나 자신의 일로 생각하게 됐던 것 같아요. 주변 사람들이 행복해야 나도 행복해질 수 있는 거잖아요. 또 고정된 젠더 관념이 너무나 허구적이라는 사실을 알고 나서 남성성에 대해 다시 생각하게 되기도 했어요. 저도 예전에는 그 남성성을 추구하기도 했는데, 그러지 않아도 된다는 걸 알게 됐어요. 페미니즘을 통해 가부장제 남성성이나 위계 구조에서 벗어날 수 있는 거죠. 결과적으로 제가 편해지고 좋아지고 더 행복해지기 때문에 활동을 하게 됐고, 지금도 하고 있는 거 아닐까 생각하고 있어요.

"이 문제가 가장 심각하다고 생각했던 것 같아요. 눈앞에서 너무나 말이 안 되는 일들이 벌어지고 있었고, 주변에서 많은 사람이 경험할 정도로 가까운 문제였으니까요."

그렇게 보면 조력자라는 말이 언제나 맞는 말은 아닌 것 같아요. 남성들에게도 페미니즘을 지향할 수밖에 없는 이유들이 있는데 그런 여지를 너무 미리 제거해버리는 듯한 느낌이 들어서요. 그렇다고 '내가 원해서'라고 하기에는 그럴 자격이 있는지에 대해 의심하게 되고요.

남성이라는 정체성이 있다는 것만으로 페미니스트가 될 수 없다고 말하는 건 페미니즘 운동에서 지향하는 바는 아니라고 생각해요. 그럼에도 많은 분들이 페미니스트라고 말하길 꺼려하는 것 같아요. 염려하는 바를 공감하고, 그럴 수밖에 없는 이유를 이해해요. 남성으로서의 부채감 때문에 페미니즘에 접근하기 어려울 거라고 생각하거나, 가부장제 사회에서 권력을 갖고 있기 때문에 페미니스트라고 얘기할 수 없다고 느끼는 것 같아요. 혹은 자신이 여성의 마이크를 뺏는 것은 아닌가 하는 걱정 때문일 수도 있고요. 그렇다고 속죄에서 멈춰서는 건 아닌 것 같아요. 조력자의 위치에만 머무르려고 하는 건 어쩌면 회피일 수 있다고 생각해요.

"그렇다고 속죄에서 멈춰서는 건 아닌 것 같아

요. 조력자의 위치에만 머무르려고 하는 건 어쩌면 회피일 수 있다고 생각해요."

어쩌면 남성들에게도 적절한 페미니즘의 언어가 필요하다는 생각이 들어요.

지금은 찾아 나가는 과정인 것 같아요. 남성이 책을 읽거나 강의를 듣고 페미니즘에 대해 받아들이게 된다 해도, 실천의 언어가 아직은 분명하지 않은 것 같다는 생각을 많이 해요. 여성 페미니스트와 굳이 구분하고 싶진 않지만 사회에서 여성과 남성의 위치성은 다를 수 있거든요. 예를 들어 미러링 같은 경우도 그래요. 우리 사회의 가부장적이고 여성혐오적 태도와 표현을 반대로 하는 거잖아요. 여성이 남성에게 되돌려주는 거죠. '한남충'이라는 말도 그래서 나온 거고요. 근데 남성이 남성에게 '한남충' 같은 말을 그대로 썼을 때는 어색함이 있어요.

누군가 여성혐오적 이야기를 한다면 그 사람을 제지해야 하잖아요. 멈춰 세워야죠. 실천에서 꼭 필요한 부분이에요. 그런데 남성이 여성 페미니스트와 같은 방식으로 행동했을 때, 이질감이 든다거나 괴리감이 들 때가 있어요. 그들을 타자화하고 손가락질하는 게, '나는 그들과 다르다'는 윤리적 우월감에 취하는 것에 그치는 일이 되지 않을까 하는 걱정이 드는 거죠. 우리가 어떤 방법을 써야 하는지, 어떤 언어를 가질 수 있는지, 배우고 찾아 나갈 수 있는 기회가 부족했던 것 같아요. 그래서 '남함페'가 그런 공간이 되었으면 해요. 함께 배우고, 연습하고, 실패할 수 있는 공간이요.

"남성이 여성 페미니스트와 같은 방식으로 행동했을 때, 이질감이 든다거나 괴리감이 들 때가 있어요. 그들을 타자화하고 손가락질하는 게, '나는 그들과 다르다'는 윤리적 우월감에 취하는 것에 그치는 일이 되지 않을까 하는 걱정이 드는 거죠."

다른 남성들을 타자화하는 건 어떤 점에서 문제가 될까요?

한때 다른 남성들을 깎아내리고 비난하는 게 일종의 유행처럼 번진 때가 있었어요. 지금도 그런 사람들이 있고요. 근데 그런 활동은 한계가 분명하다고 생각해요. 과거와 단절하고 '나는 달라졌어'라고 말하면서 성찰하기를 그만두는 것처럼 보이거든요. 자신을 드러내는 것 외에 남성 연대에 균열을 내는 데 큰 도움이 되지도 않고요. 소기의 목적도 달성하지 못할 뿐만 아니라 손쉽게 상대방의 속도를 무시하게 되는 거죠.

듣고 보니 그들이 새로운 남성성을 제시한다기보다는 예외적으로 여성 페미니스트 집단에 속해버리는 느낌도 있는 것 같아요.

비판이 필요 없다고 생각하는 건 아니에요. 활동의 영역이 다른 거라고 생각하죠. 어떤 폭력적 태도들에 대해 단호하게 이야기하는 건 필요해요. 근데 다른 남성들을 깎아내리는 조롱은 달라요. 그건 거기서 멈추는 것 같아요.

여성의 목소리를 지울 수 있다는 우려에 대해서는 어떻게 생각하나요?

저도 걱정을 많이 했어요. 여성과 똑같은 목소리를 낼 필요는 없다고 생각해요. 제가 그들의 고통을 잘 알고 있다는 듯이 말할 수는 없으니까요. 그렇게 해서도 안

되고요. 그런데 지금은 제가 감히 지울 수 없다고 생각해요. 어쩌면 활동에 나서기 어려우니까 도피하고 싶은 마음은 아니었을까 하는 생각도 들어요. 주변 여성 동료들에게 이 고민을 이야기하면 대수롭지 않게 여기는 분들이 많아요. '그런 걱정하지 말고, 그냥 더 열심히 해'라고 해요. 오히려 아직은 목소리를 내지 않는 사람들에게 섭섭한 마음이 더 큰 것 같아요.

그렇다면 남성은 어떤 방식으로 세상에 저항해야 할까요?

자기 자신과 싸우는 과정은 불가피한 것 같아요. 아직은 자라면서 가부장제 문화를 습득할 수밖에 없잖아요. 남성성에 대한 열망이나 여성혐오에 대한 관습이 우리 몸에 뿌리 깊게 남아 있어요. 당연히 거기서부터 출발해야 해요. 자신 안에 체화된 남성성과 여성혐오에 저항하고 그 이후에 주변으로 확장해 나가야죠. 손희정 선생님의 책에서 '뿌리내리면서 이동하기'라는 말이 나와요. 남성이라는 정체성에서 출발하되, 다른 정체성들과 연결돼야 해요. 여성이라는 정체성, 성 소수자라는 정체성, 장애인이라는 정체성 또 다른 소수자의 정체성과 연결되는 거죠. 연결되면서 계속해서 이동하고 함께하는 게 필요해요. 속죄를 넘어서 그렇게 주변으로 나아가야 한다고 생각해요. '나는 아무것도 할 수 없어' 혹은 '나는 여기까지만 할게'가 아니라, 살아오면서 잘못도 했고 실수도 했고 지금도 부족하지만 그럼에도 불구하고 '우리 함께 가자', '더 나은 사람이 되자'고 하는 거죠.

"남성이라는 정체성에서 출발하되, 다른 정체성들과 연결돼야 해요. 여성이라는 정체성, 성소수자라는 정체성, 장애인이라는 정체성 또다른 소수자의 정체성과 연결되는 거죠. 연결되면서 계속해서 이동하고 함께하는 게 필요해요."

구체적인 실천의 방법들에는 무엇이 있을까요?

일상에서 미시적 정치를 실천해야 한다고 봐요. 저는 정치가 일상과 분리돼 있지 않다고 생각해요. 여성 친화적 정책을 펼치는 곳에 투표하고, 더 나아가서 페미니스트로 선언하고 페미니즘을 지지하는 목소리를 내야 해요. 일종의 말 건넴이 될 수 있겠죠. 스스로와 주변을 불편하게 만들 수 있는 일이지만, 그럼에도 불구하고 페미니스트라고 이야기하는 거예요. 그랬을 때 주변 사람 한 명이라도 더 설득할 수 있고, 여성혐오적 표현을 어렵게 할 수 있으니까요.

정치적 주체가 될 수 있을까요?

공동체로 함께 한다면 정치적 주체로 드러날 수 있겠죠. 강연자 이한 개인이 시위에 참여하는 것과 여성운동을 하는 시민사회단체와 '남함페'라는 단체가 결합하는 건 조금 다르잖아요. 남성이면서 페미니즘 의제에 관심이 있는 사람들이 집단으로 결합하고 또 여성 집단과 결합했을 때, 정치적 힘을 만들어낼 수 있을 거라 생각해요.

기존의 남성 연대에 균열을 내는 방법은 발견했나요?

다양한 롤모델을 보여주는 게 필요하다고 생각해요. 사실 현재의 사회적 남성성을 유지하고 남성 연대에 속해 있는 건 꾱장히 피곤하고 어려운 일인 것 같아요. 계속해서 자신의 강인함을 보여줘야 하고, 감정표현을 억제해야 하고, 위계질서 위로 올라가기 위해 발버둥 쳐야 하잖아요. 때로는 폭력적인 방법들도 사용하면서요. 모두에게 유쾌하지 않은 일인데도 미친 듯이 남성 연대의 열차에 타려고 하는 건, 바깥에서 어떻게 살아갈 수 있는지 본 적이 없기 때문이라고 생각해요. 만약에 열차 바깥에서 잘 살아가는 모습을 보여준다면 자연스럽게 무너지지 않을까 하는 생각을 하고 있어요.

"사실 현재의 사회적 남성성을 유지하고 남성 연대에 속해 있는 건 굉장히 피곤하고 어려운 일인 것 같아요. 계속해서 자신의 강인함을 보여줘야 하고, 감정표현을 억제해야 하고, 위계질서 위로 올라가기 위해 발버둥 쳐야 하잖아요."

바깥은 어떤 풍경일까요?

한국 남성으로서 가장 괴로웠던 것 중 하나가 관계를 잘 맺지 못한다는 거였어요. 남성성의 가장 큰 기제가 감정 표현을 억제하는 거잖아요. 울지 못하면 기쁨도 잘 표현할 수 없다고 생각해요. 관계가 피상적으로 맺어지는 것도 있는 것 같아요. 남성성을 위해 관계가 수단화되는 경우도 많고요. 우리가 고정된 젠더 관념에서 벗어나면 남성 사이에서도 더 깊은 관계를 맺을 수 있어요. 관계 자체가 목적이 될 수도 있고요. 다양한 관계로 맺어지고 기존과 다른 세상을 만들 수 있는 게 바깥이라고 생각해요.

저는 위계가 없는 남성과의 관계는 거의 겪어본 적이 없어요. 나이가 들수록 점점 더 심해지는 것 같아요.

고독사 통계에서 가장 높은 비율을 차지하는 게 중년 남성이에요. 경제적 상황은 훨씬 더 좋을 텐데 중년 여성보다 비율이 압도적으로 높아요. 상대적으로 관계 맺음에 문제가 있을 거라고 생각해요. 실제로 사회적 연결망이 가장 취약하게 나타나는 집단이기도 하고요. 가부장적 세계에서 살아가니까 일에만 열중하고 관계에는 소홀해지는 거죠. 그러다 보면 자기 자신도 돌보지 못하게되고요. 남자들 사이에서는 위계질서가 지독하잖아요. 만나자마자 나이, 직업 물어보고 아니면 눈대중으로라도 위계를 형성하죠. 결국에는 깊은 관계를 맺지 못하고 외로워지고, 고독해지는 것 같아요.

페미니즘을 통해서 관계 맺기에 변화가 있었나요?

여성을 성적으로 대상화하지 않고 친밀해질 수 있다는 걸 체감했던 것 같아요. 이성이 친구가 될 수 없다는 말이 있잖아요. 성적인 관계 외에는 생각하지 못하는 거죠. 페미니즘을 공부하고 나서 이성애 중심주의가 다양한 관계의 가능성을 억압한다는 생각을 하게 됐고, 나아지려고 노력했어요. 그러면서 여성 친구들과도 깊은 관계를 맺을 수 있었고요. 결과적으로는 더 기쁘고 즐거운 일이 많아졌죠.

기억에 남는 순간이 있나요?

대학 생활할 때 좋았던 것 같아요. 페미니즘을 알려준 여성 친구들과 서로서로 잘 돌보면서 친하게 지냈거든요. 다 같이 저희 집에 숙식할 정도였어요. 집에 오면 그 친구들이 있는 게 당연했어요. 덕분에 삶이 다채롭다는 걸 알게 됐어요. 그전까지는 대충 지냈거든요. 있으면 먹고, 없으면 안 먹는. 그런 게 보통 남자 같다고 느꼈던 것 같아요. 그런데 세상에는 맛있는 음식이 굉장히 다양하게 있고, 아름다운 것들이 여럿이 있더라고요. 성적인 관계가 아니라 친밀한 사람, 동료로 봤기 때문에 가능했던 것 같아요. 페미니즘 덕분이라고 생각해요.

"덕분에 삶이 다채롭다는 걸 알게 됐어요. 그 전까지는 대충 지냈거든요. 있으면 먹고, 없으면 안 먹는. 그런 게 보통 남자 같다고 느꼈던 것 같아요. 그런데 세상에는 맛있는 음식이 굉장히 다양하게 있고, 아름다운 것들이 여럿이 있더라고요."

여러 가지 가능성이 생겨날 것 같아요. 이성애 관계라고 해도 정상 연애가 아닌 다른 방식의 사랑일 수도 있고요.

탈연애에도 관심이 많아요. 기존의 정상 연애가 얼마나 이성애 중심적이고 강박적인지에 대해 생각하게 되면서 벗어나고 싶다고 느꼈어요. 대부분 1대 1 독점 관계에 매진하잖아요. 내가 사랑하는 사람이 다른 남성과 둘이 술을 마신다고 하면 길길이 화를 낼 수 있는 권한이 주어지죠. 반대도 마찬가지고요. 근데 동성과 술을 마신다고 했을 때는 그렇지 않아요. 이성애 중심적이라서 그런 거예요. 독점을 허용한다는 것도 폭력과 이어질 수 있는 것 같아요. 그래서 벗어나기 위해 노력을 많이 했어요. 그게 좋기도 했고요.

남성들이 성이나 성관계에 굉장히 적극적이고 자유로울 것 같지만 막상 그렇지도 않은 것 같아요. 보통 한 사람에게 의무와 함께 의존을 집중해야 한다고 생각하는 것 같아요. 남성성에 대한 강박도 있고요. 상대방을 만족시키지 못하면 남성성이 떨어진다고 여기잖아요. 성관계에 있어서도 그렇죠. 만족시키기 위해서만 하는 성관계가 좋은 성관계는 아니라고 생각하거든요. 서로 좋아야 하는 거죠. 남성들이 성에 있어서 완전히 즐겁지 못한 건 젠더적 이유가 있는 것 같아요. 거기에서 벗어난 관계 맺음이 가능할 때 스스로의 성애에 대해서 더 잘 알 수 있지 않을까요?

남성들이 생각하기 어려운 부분이 있는 것 같아요. 특히 성욕과 성애를 구분해서 이야기하는 경우는 거의 없어요.

텔레그램 성착취 사건만 보더라도 성욕에만 미쳐서 그런 일이 일어나는 게 아닌 것 같아요. 사실 성과는 무관할 수도 있어요. 상대방을 괴롭히고, 때리고, 대상화하고, 폭력적으로 지배하려는 욕구를 성을 매개로 발현한 것 같기도 해요. 자신의 성과 성욕에 대해 고민해보지 않고 스스로의 섹슈얼리티에 대해 전혀 생각해보지 않았기 때문에 그런 식으로 왜곡되는 거죠. 특히 미디어에서 남성들의 성욕과 성애와 지배욕을 마구 뒤섞어서 재현하는 방식이 문제가 많은 것 같아요.

오드리 로드가 성애에 대해 이야기할 때 그 섹슈얼리티는 충동보다는 다양한 관계의 모든 가능한 사랑에 대한 이야기라고 생각했어요. 그러면 성애는 생물학적 성별과 무관하게 가능하지 않을까요?

'남함페' 모임에서도 자신의 섹슈얼리티에 질문을 던질 때가 있어요. 스스로 이성애자라고 생각하면 어디까지가 이성애자일까 생각해보거든요. 예컨대 정말 사랑하는 애인이 있는데 어느 날 성전환을 하고 싶어 한다면 어떨까 물어보는 거예요. 어렵고 힘든 과정이겠지만 저는 본인이 행복해진다면 하라고 할 것 같아요. 그렇다면 저는 이성애자일까 생각하게 돼요. 정확히 구분되지 않는 것 같아요. 그런 질문을 계속 던져보는 거죠.

그런 생각도 해요. 친한 남성 친구들에 대한 감정은 사

랑이 아닐까? 친구가 힘들면 걱정되고, 함께 있는 게 즐겁고 좋으니까요. '꼭 손을 잡고 육체적으로 관계를 맺어야 사랑일까' 하는 거죠. 호모포비아에 대한 낙인과 공포가 아주 어렸을 때부터 학습됐기 때문일 수도 있어요. 그런 관습을 내려놓으면 그것도 사랑이라고 생각하게 되는 거죠.

다른 남성들은 어떤 이유로 페미니즘을 지향하나요?

계기를 이야기하자면 주변에 있는 페미니스트를 통해서 많이 전달되는 것 같아요. 그게 제일 중요하다고도 생각해요. 관계를 통해서 페미니즘이 전달되는 거니까요. 누군가가 좋고 함께하고 싶고 그러다 보면 그 사람의 이야기에 귀 기울이고 싶어지잖아요. 교차성을 통해 문제의식을 갖게 되는 경우도 많았어요. 모든 남성들이 가부장제의 혜택을 누리고 있지는 않으니까요. 여러 가지 차별의 경험을 통해서 자신의 위치성을 인지하면서 눈을 뜨게 된 경우라고 할 수 있죠.

"관계를 통해서 페미니즘이 전달되는 거니까요. 누군가가 좋고 함께하고 싶고 그러다 보

면 그 사람의 이야기에 귀 기울이고 싶어지잖아요."

아무래도 경험적인 이야기를 들을 수 있는 기회가 필요한가 봐요.

> 저 같은 경우에도 여자인 친구들을 통해서 여러 가지 여성이 처한 현실을 많이 알게 됐으니까요. 처음엔 한 사람의 특수한 경험으로 생각할 수 있지만 점점 모든 여성들이 같은 문제를 겪었다는 사실을 알게 돼요. 남성들이 사는 세상과는 너무 다른 거죠. 그러면서 자연스럽게 페미니즘을 알아 가는 것 같아요. 그래서 다른 사람과 여성들이 살아가는 현실에 관심을 갖고 귀 기울이는 게 중요한 것 같아요.

자신이 차별을 겪은 경험도 여성에게 공감하는 중요한 이유가 되는 것 같아요.

> 남성성에 차이가 있고 층위가 있으니까요. 남성이라는 지표에 들어가기 위해 요구되는 것들이 있잖아요. 모든 남성이 거기에 들어갈 순 없고, 들어가기를 원하지 않는

사람들도 있어요. 그런데 남성 연대는 '남자는 다 똑같아'라는 식으로 차이를 지워 버리죠. 남성성의 젠더 고정관념을 유지하면서 동일한 집단으로 상정해야 그 밑에 여성을 위치시킬 수 있으니까요.

페미니즘은 단순히 성별에 대한 게 아니라 우리 사회의 권력을 이야기하는 이론이라고 생각해요. 그러다 보니 지금도 여러 방면으로 확장되고 있고요. 여성 인권이 좋아지는 만큼 남성들도 살기 좋아질 수밖에 없어요. 항상 예로 드는 것 중 하나가 군인권센터예요. 군대 내의 민주적이고 비폭력적인 문화를 이야기하는 집단이 누구일까요? 군대에 있는 사람도 아니고 예비군도 아니에요. 군대를 다녀온 사람들은 과거에 얼마나 더 폭력적이었는지에 대해서만 얘기하잖아요. 실제로 문제를 개선하고 문화를 바꾸려는 사람들은 군인권센터나 활동가들이에요. 그분들은 대부분 페미니스트이고 페미니스트일 수밖에 없어요. 그들이 바꿔나가고 있는 거예요.

"남성 연대는 '남자는 다 똑같아'라는 식으로 차이를 지워 버리죠. 남성성의 젠더 고정관념

을 유지하면서 동일한 집단으로 상정해야 그 밑에 여성을 위치시킬 수 있으니까요."

남성들이 굉장히 큰 오해를 하고 있다는 생각도 드네요.

그렇죠.

연구서에서는 해결 방법으로 문화적인 부분과 모임을 제시하셨는데요. 어떻게 도움이 될까요?

각자의 속도에 맞춰줄 수 있다는 점에서 많이 도움이 된다고 생각해요. 저도 처음 페미니즘을 공부할 때는 혼자하기 어려웠거든요. 그렇다고 너무 차이가 나는 사람이 도와주면 그 사람도 답답할 수 있고요. 비슷한 속도의 사람들이 같이 모여서 함께 할 때 가장 좋은 것 같아요. 그런 작은 공동체들이 문화를 바꿔나갈 수 있다고 생각해요. 주변이 바뀌어야 나의 일상이 바뀌는 거니까요.

실제로 '남함페'는 독서 모임을 지속하고 있는데, 분위기가 어떤가요?

매번 재미있어요. 실시간으로 서로가 달라지는 걸 느낄

때가 많이 있어요. 또 모임을 하다 보면 독서뿐만 아니라 다른 활동으로 넘어가게 되는 것 같아요. 조금이라도 실천할 수 있는 방법들을 찾아 나서게 되는 거죠. 최근에는 글쓰기를 해보자고 하는 의견이 있어서 시도하고 있어요. 그렇게 계속 확장하게 되는 것 같아요.

기존의 남성 연대와는 다른 공동체가 실현되나요?

위계가 드러나지 않는 방식으로 공동체를 만들고 있어요. 서로의 차이를 인정하고 배리어프리하게 만들기 위해서도 노력하고 있고요. 어떤 때는 치열하게 논쟁을 하기도 하고 너무 재미있을 때도 있어서 공동체가 있어서 다행이라고 느껴요.

일부 남성들은 남성 페미니스트에 대해서 여성의 환심을 사기 위해서라고 말하기도 하는데 어떻게 생각하나요?

같이 잘 살고 싶어서 하는 건 맞다고 얘기하는 편이에요. 미움받고 싶어 하는 사람이 세상에 어디 있겠어요. 만약에 특별히 환심을 사려고 하는 일이라고 생각한다면, 그들은 어떤 미움을 사려고 여성혐오적으로 행동하는 건지 모르겠어요. 좋다고 생각하면 같이했으면 좋겠어요. 사실 특정한 이익을 추구하는 경우에는 금방 티가 나고 오래갈 수 없는 것 같아요. 페미니즘 활동을 한다고 다들 좋아하는 것도 아니고요. 그런데 이익이 안 된다고 차별을 계속한다고 하는 건 더 말이 안 되겠죠. 누군가 착취하는 게 개인에게 이롭다고 착취의 정당성이 생기는 건 아니잖아요.

"만약에 특별히 환심을 사려고 하는 일이라고 생각한다면, 그들은 어떤 미움을 사려고 여성 혐오적으로 행동하는 건지 모르겠어요."

여성 페미니스트분은 강연을 하면서 때때로 폭력적 태도에 마주하곤 하더라고요. 강의나 교육을 하면서 힘든 일은 없었나요?

폭력적이라고 할 순 없지만 어려운 상황은 종종 있는 것 같아요. 저는 최근에 남성 청소년을 대상으로 강의를 많이 하고 있어요. 엄청난 반감을 갖고 있는 경우가 있어요. 인터넷에서 떠도는 잘못된 페미니즘에 대한 이야기를 할 때도 많죠. 다행스러운 건 그 악의가 그렇게 뿌리

깊지는 않다는 거예요. 실제로 들어보면 굉장히 단순해요. 예컨대 "여성할당제가 있다고 하던데요. 그건 역차별 아니에요"라고 얘기하는 거죠. 그래서 현재 양성평등 채용목표제가 있지만 오히려 남성들이 지금까지 더 많은 혜택을 받는 상황이라고 천천히 설명해주면 분노가 없어져요. 또 여러 가지가 있죠. "여성가족부가 왜 있냐"거나 "이름이 이상하다"거나 하는 것들이요. 그러면 계속해서 설명을 해줘요. 청소년들은 배워볼 경험이 없었기 때문에 실제로 차별이 존재하는지 모르는 경우가 많아요. 대신 보여주면 이해를 하죠. 모바일 게임에서도 차별적인 것들이 많이 있잖아요. 다들 아는 게임이기 때문에 그걸 이야기해주면 "아 맞네, 차별 있네" 하고 바로 인정하고 넘어가요. 여태까지 갖고 있던 불만도 사르르 녹는 게 느껴져요. 청년 대상으로 강의할 때도 마찬가지에요. 그분들 눈높이에 맞게 들어주고 이야기해드리고 하다 보면 생각보다 심하지 않은 경우가 더 많아요. "처음에는 오해를 갖고 있었는데, 페미니스트에 대한 오해가 풀렸어요" 하고 가는 분들도 많은 편이에요.

"그분들 눈높이에 맞게 들어주고 이야기해드

리고 하다 보면 생각보다 심하지 않은 경우가 더 많아요. "처음에는 오해를 갖고 있었는데, 페미니스트에 대한 오해가 풀렸어요" 하고 가는 분들도 많은 편이에요."

주변 여성 페미니스트분들의 반응은 어떤가요. 페미니즘을 공부한다는 이유만으로 남성들은 칭찬을 듣기도 하잖아요.

사실 좋은 얘기만 들은 건 아니에요. 공부할 때는 호되게 혼나면서 배우기도 했어요. 궁금하면 직접 알아보라는 말도 많이 들었고요. 그럴 수밖에 없는 때가 있다는 걸 이제는 이해해요. 남성 대상으로 활동하다 보면 같은 질문을 수백 번은 듣게 되거든요. 저도 가끔은 '그 문제는 이걸 좀 찾아봐' 하고 공부하라고 말하고 싶을 때가 있어요. 그래도 이미 앞서나가고 있는 여성 활동가들이 같은 문제에 붙잡혀 있게 할 수 없고, '남함페'는 속도를 맞춰주는 그룹이니까 발맞춰서 함께하고 있는 거죠. 칭찬을 받을 때가 있는데 그것도 조금 어색한 일인 것 같아요. 우리가 페미니스트 동료라면 굳이 이런 일로 칭찬을 받진 않을 테니까요. 마치 한국말을 잘하는 외국인이 된 것 같죠. 활동을 하는 남성들이 워낙 부족하기 때문에 어쩔 수 없는 것 같아요.

"사실 좋은 얘기만 들은 건 아니에요. 공부할 때는 호되게 혼나면서 배우기도 했어요. 궁금하면 직접 알아보라는 말도 많이 들었고요. 그럴 수밖에 없는 때가 있다는 걸 이제는 이해해요."

여성 활동가와 함께하는 이상적 방법이 있다면 어떤 것일까요?

'우리는 수평적인 공동체야', '나는 페미니스트니까 우리는 모두 동등해'라는 식으로 간단하게 생각하면 안 되는 것 같아요. 권력은 껐다 켰다 할 수 있는 스위치가 아니잖아요. 남성으로서의 위치성이나 권력을 계속해서 염두에 두고 소통해야 하는 것 같아요. 우리 각자의 차이가 있을 수밖에 없다는 것을 인정하고 출발하되, 나중에는 그것들이 방해가 되지 않게 꺼내놓고 나눠야 해요. 그러다 보면 공동체 내에서 어떤 권력들이 흐릿해지는 날이 올 수 있다고 생각해요.

앞으로는 어떤 활동에 집중하고자 하나요?

저는 스스로 교육활동가로서의 정체성이 가장 크다고 생각해요. 꾸준히 교육 활동을 하고 싶어요. 페미니즘 교육이 여전히 부족하다고 생각하거든요. 있다고 해도 성희롱/성폭력 예방 교육 정도에 그치는 상황이니까요. 앞으로 교육을 더 잘하고 싶고, 대상과 범위를 넓히는데 주력할 생각이에요.

03

박정훈

이대남이라는 프레임

프레임

박정훈

오마이뉴스 기자
책 『이만하면 괜찮은 남자는 없다』,
『친절하게 웃어주면 결혼까지 생각하는 남자들』

스스로 페미니스트라고 생각하나요?

실천과는 별개로 대학교에서 여성학을 배웠을 때부터 페미니스트라고 생각하고 있었어요. 그러다가 2019년에 『친절하게 웃어주면 결혼까지 생각하는 남자들』을 쓰고 나서부터 스스로를 페미니스트라고 드러내고 말하고 있어요.

이유는 무엇인가요?

강의 다닐 때 항상 이야기하는 게 페미니즘은 무엇이냐예요. 여성 우월주의 혹은 남성을 공격하는 걸 페미니즘이라고 생각하시는 분들도 더러 있는 것 같아요. 기본적인 정의를 모르기 때문에 페미니즘을 싫어한다고 말하는 거라 생각해요. 제가 정의한 페미니즘은 가부장제 사회에서 일어나는 여성에 대한 배제와 차별에 대항하기 위한 이론과 운동 그리고 평등을 위한 상식이자 기초라고 할 수 있어요. '이렇게 당연한 걸 수용하지 않는다면 그게 더 이상하지 않을까'하는 생각도 들어요. 페미니스트가 아닌 게 더 이상한 거죠.

페미니즘을 지향하는 것과 페미니스트로 선언하는 건 조금 다

른 일인 것 같아요. 남성들이 페미니스트라고 말하기 어려워하
는 이유는 무엇일까요?

두 가지 이유가 있을 것 같아요. 첫 번째는 현재 젊은 남
성들 사이에서 페미니즘이 부정적인 인식을 갖고 있기
때문이에요. 적극적으로 드러내지는 못하지만 페미니
즘의 가치를 갖고 있는 사람들을 저는 샤이 페미니스트
로 구분해요. 거의 모든 조사에서 30% 이상이 그런 샤
이 페미니스트로 나와요. 성평등주의자로 분류가 되는
데 이들 스스로는 페미니스트라고 하지 않고 있어요. 지
금의 2030남성들이 페미니즘을 경계하고 불온하게 여
기니까 이야기하면 손해를 보거나 따돌림을 당할 것 같
은 느낌을 받는 거죠.

다른 하나는 '내가 감히?'라는 심리예요. 자신이 특별히
공부를 많이 한 것도 아니고, 그렇다고 여성으로서의 경
험이 있는 것도 아니니까 단지 성평등을 지지한다는 이
유로 혹은 페미니즘이 맞다고 생각한다는 이유로 페미
니스트를 자처하는 게 뭔가 위선적으로 보이거나 오히
려 반감을 사지 않을까 하는 걱정이 있는 것 같아요.

여자가 페미니스트라고 하는 건 당연한 일이지만 남자가 페미니스트라고 하는 건 어딘가 부자연스럽고 여자에게 잘 보이고 싶어서 그러는 것 같다는 인식이 여전히 있어요. 그게 아니라도 여러 가지 질문이 따라붙잖아요. 여성으로서의 경험이 없는데 왜 페미니스트가 됐냐는 거죠. 게다가 사회에서는 '그럼 증명해봐', '더 잘 해봐' 하는 요구가 확실히 있거든요. '어디 어떻게 하나 한번 보자', '얼마나 잘하는지 두고 보자'라는 거죠. 제가볼 때는 남성 페미니스트 사이에서도 선을 긋는 경향이있어요. '너 이렇게 하면 페미니스트 아니다', '왜 그렇게이야기해' 그런 식으로요. 다른 사람들은 선을 넘지 못하니 자신만 진정한 페미니스트라는 거죠. 결과적으로남성에게도 여성에게도 증명과 검증을 요구받기 때문에페미니스트라고 말하길 꺼려하는 것 같아요.

모호한 위치는 그다지 좋은 것 같진 같아요. '페미니스트는 아니지만'이라고 이야기한다면 결과적으로 '내가 가능한 만큼만 지지하고 배려해줄 거야'라는 생각으로 보이거든요. 자신이 불편한 지점에 이르면 손을 놓아버릴 수 있잖아요.

그래서 이제 '페미니스트는 아니지만'이라는 말보다 선

언으로 나아가는 단계여야 된다고 생각해요. 페미니스트가 아니라고 하는 건 저항에 따르는 부담감을 안지 않겠다는 거거든요. 생각해보면 회피죠. 또 그분들 사이에서 그 말이 어떤 합리성을 담보한다고 여겨지는 측면도 있는 것 같아요. '나 페미니스트야'라고 하면 어떤 명확한 지점이 있고 그게 사람들을 불편하게 할 것처럼 느껴지거든요. 그런데 결정적일 때 발을 빼는 게 지향은 아니잖아요. 페미니즘을 지향한다면 명확하게 드러내는 게 지금 남성들에게는 필요해 보여요.

"이제 '페미니스트는 아니지만'이라는 말보다 선언으로 나아가는 단계여야 된다고 생각해요. 페미니스트가 아니라고 하는 건 저항에 따르는 부담감을 안지 않겠다는 거거든요."

한편으로 일부 사람들에겐 남성으로서의 현재 위치가 좋을 수 있다는 생각도 들어요. 적당히 동조하는 모습만 보이고 살아가면 안전하잖아요. 굳이 자기 검열을 하면서까지 다른 사람을

배려해야 하나? 생각할 수 있는데 우리가 어떻게 이야기할 수 있을까요?

저는 그런 부분에 대해서 우리 사회가 요구해야 한다고 생각해요. 사람들에게 '페미니스트가 되어야 한다, 페미니스트로 살아야 한다'고 요구하기 위해서 저도 글을 쓰고 인터뷰를 하는 거고요.

우선 페미니즘을 여성만을 위한 무언가로 생각하는 게 저는 잘못됐다고 봐요. 살아가면서 우리는 굉장히 많은 사람들을 만나는데 그중 절반은 여성이잖아요. 또 가족도 있을 거고 애인도 있을 거고 동료나 친구도 있잖아요. 그들의 삶이 불평등에 놓여 있고 차별과 폭력에 시달리는 게 나와 전혀 관련이 없는 걸까요? 그 사람들과 나의 삶이 동떨어져 있고 그들이 차별을 당하든 말든, 폭력을 당하든 말든 내 삶이 괜찮으면 되는 걸까요? 그들의 삶이 안전하고 여성이 평등함을 누릴 수 있어야겠죠. 기본적으로 우리가 이 사회에 태어났을 때 성별을 이유로 차별을 받으면 안 된다는 대전제를 공유하고 있을 거예요. 누구나 그런 사회를 원한다고 생각해요. 그런 세상을 만들어 갈 수 있도록 돕는 게 페미니즘이죠.

"기본적으로 우리가 이 사회에 태어났을 때 성별을 이유로 차별을 받으면 안 된다는 대전제를 공유하고 있을 거예요. 누구나 그런 사회를 원한다고 생각해요. 그런 세상을 만들어 갈 수 있도록 돕는 게 페미니즘이죠."

남성의 삶에 페미니즘이 도움이 되는지, 아닌지에 대해 이야기하는 건 민주주의가 우리 삶에 도움이 되냐, 아니냐를 묻는 것과 거의 비슷하다고 생각해요. 도움이 되겠죠. 모두가 평등하고 안전하게 살아갈 수 있는 세상을 추구하는 거잖아요. 또 사회적 약자인 여성을 남성과 평등하게 하려는 움직임은 다른 소수자에 대한 윤리와도 연결이 되고요. 남성도 약자성을 가지고 있을 수 있으니까요. 그 외에 여러 가지 차별에 대한 감수성 역시 페미니즘에서 나올 수 있다고 봐요. 그래서 페미니즘을 지지하는 사람은 사회에 있는 대부분의 불평등에 대해서도 비슷한 태도를 취할 수밖에 없는 거죠.

일부 남성들은 자신의 약자성 때문에 차별받는 것에 대

해서는 굉장히 분개해요. 그런데 페미니즘에 대해서는 잘 공감을 못 하고 있죠. 일종의 착시현상이라고 생각해요. 예를 들어 혹자는 지방대 차별이 있다고 하면 '지방대 아무개는 나보다 돈 잘 버는데?'라고 반박하는데, 그게 차별이 없다는 얘기가 아니잖아요. 성차별을 이야기할 때도 공무원, 교사 중에 여성이 많이 있다고 해서 성차별이 없는 게 아닌데 굉장히 마이크로한 수치들, 통계들을 제시하면서 무마시키려 하는 거죠.

잘못된 논리들인데도 '남성의 삶도 힘들다', '페미니즘 때문에 남성의 삶이 힘들어지고 있다'라고 누군가 선동하거나 부추기고 있고 남성들도 더 생각하지 않고 편리하게 편향된 논조에 기대고 있는 거예요. '여자들이 나를 짓눌러서 내가 이렇게 힘들구나' 하고 생각하면 너무 편하잖아요. 근데 전혀 그런 게 아니거든요. 남성들을 힘들게 하는 사회구조를 생각하려고 하면 너무 복잡하고 어렵거든요. 그래서 여성이 남성과 평등하게 살아야 한다는 대전제에 동의하면서도 페미니즘이 뭔가 잘못된 거 아닌가, 내 삶에 해를 끼치는 게 아닌가 하는 착각을 하고 사는 거죠.

"잘못된 논리들인데도 '남성의 삶도 힘들다', '페미니즘 때문에 남성의 삶이 힘들어지고 있다'라고 누군가 선동하거나 부추기고 있고 남성들도 더 생각하지 않고 편리하게 편향된 논조에 기대고 있는 거예요."

결과적으로는 남성에게도 페미니즘이 도움이 된다고 말할 수 있지 않나요?

이제는 '남성에게도 좋은가'라는 질문을 넘어서서, 시민으로 살아가는 기본적인 윤리이자 상식이라고 생각해야 하는 거죠. 내가 다른 사람과 똑같이 태어났는데 부당하게 차별받거나 폭력을 당하면 안 된다고 어릴 때부터 배우잖아요. 누구나 천부인권을 갖고 태어나고요. 남자들도 위력의 격차로 지배받는 걸 좋아하지 않잖아요. 힘이 강하든 약하든 어느 누구도 안전을 침범받지 않아야 하기 때문에 공권력이 있는 거고 치안이라는 개념이 있는 거죠. 그런데 그런 너무 당연한 일이 지켜지지 않는 거죠. 여성들과 남성들이 체감하는 위험은 전혀 달라요.

남자의 경우 누군가 뒤에서 따라온다면 거슬리는 정도로 느끼겠지만 여성들에게는 그 사람이 나를 해칠 수 있다는 느낌을 받고 실제로 그런 경험을 겪기도 해요. 그래서 위험의 감각이 완전히 달라지는 거죠. 여성들이 감각하는 우리 사회는 남성들이 감각하는 것보다 훨씬 더 안전하지 못하고 차별적인 공간이란 말이에요. 그러니까 은근하고 교묘한 차별에 대해서도 빠르게 인식할 수밖에 없는 거죠.

기자님이 페미니즘을 만나게 된 과정이 궁금해요. 전적으로 긍정하거나 받아들이게 된 순간이 있었나요?

특별한 경험은 없었어요. 그냥 오랜 시간 동안 축적되어 왔던 것 같아요. 다른 사람들도 저처럼 받아들였으면 좋겠다는 생각이 있어요. 극적인 사건을 겪을 수도 있지만 대부분 좋은 사건들이 아니잖아요. 현재 2030남성들은 페미니스트 정체성을 가장 많이 갖고 있는 20대 여성들과 계속해서 사회생활을 같이 하고 있거든요. 그들과 생활하면서 대화하고 소통하면서 자연스럽게 페미니즘이 스며들 수 있다고 생각해요. 그렇게 하나하나씩 배우고 익혀나가는 걸 선호하는 편이에요.

페미니즘에 대한 책을 내면서 사람들에게 남성 페미니스트로 각인되셨는데요. 삶의 변화가 있었는지 궁금해요. 좋은 점이나 나쁜 점이 있었다면 무엇인가요?

책을 내고 나서 좋았던 건 제 책을 읽고 변화하는 사람들이 있었다는 거예요. 그 이상으로 좋은 건 없었던 것 같아요. 누군가 제 이야기를 듣고 변화해 나갈 수 있다는 게 너무 큰 보람이에요. 그래서 계속 글을 써나가고 활동하고 싶은 생각이 들었고요.

어려운 점은 어쨌든 항상 외부에 있다는 생각이 든다는 거예요. 종종 외부인이나 특별손님 같다는 느낌이 있어요. 근데 그건 지금까지 남성 페미니스트로 활동하는 사람이 많지 않았기 때문인 것 같아요. 차차 해소될 거라 생각해요. 다른 하나는 남성 페미니스트에 대해 경계하고 의심하거나, 위선자로 바라보는 시선이 있어서예요. 특히 남자들이 남성 페미니스트를 싫어하죠. 저는 비교적 오래 활동했기 때문에 의심은 덜 받는 편인데 여전히 남성 페미니스트라고 하면 '쟤 뭐야?' 하는 사람들이 있어요. 앞서 선 긋는다는 이야기를 했잖아요. 그런 말들을 너무 많이 들어요.

남성 페미니스트는 무엇을 해야 되고 무엇을 하면 안 되고. 그런 것들이 일종의 한계를 만드는 것 같아요. 그보다는 한 명이라도 더 페미니스트가 되도록 하는 게 맞다고 생각해요. 남자들도 페미니즘에 대해 이야기해야 변화가 생기겠죠. 페미니즘을 지향하지만 주변에서 인정해주지 않는 사람들도 있잖아요. 계속해서 이야기하면 그 사람들도 '나도 비슷하게 생각하는데, 그럼 내가 틀린 게 아닌 건가?' 하고 힘을 받을 수 있단 말이에요.

기본적으로 저는 '남자는 조신하게 귀 기울여야지'라거나 '남자는 나서지 말아야지'라는 말에 동의하지 않아요. 그런 얘기들을 이제는 폐기해야 한다고 생각해요. 조신함이 무엇을 해결해줄 순 없잖아요. 아무런 변화도 일으키지 못하고 그저 페미니즘을 수용하는 나 자신에 취하게 만들 뿐이에요. 어떤 이야기를 하고 그 이야기에 책임을 지고 부딪혀서 비판도 받고, 그렇게 자신의 생각을 수정하고 다듬어 나가야죠. 이제는 조신하지 않아야 해요. 스스로를 남성 페미니스트로 정체화하고 나서야 하고 사람들과 부딪히면서 끊임없이 자신의 생각을 갱신해 나가야 해요.

"남성 페미니스트는 무엇을 해야 되고 무엇을 하면 안 되고. 그런 것들이 일종의 한계를 만드는 것 같아요. 그보다는 한 명이라도 더 페미니스트가 되도록 하는 게 맞다고 생각해요."

말하기 조심스러운 부분이 있거나 두려움이 생길 때는 어떻게 해야 할까요?

저도 쉽진 않아요. 경험하지 않은 것에 대해 함부로 이야기하면 안 되지만 또 그렇다고 해서 남자니까 모른다고 넘어가선 안 되니까요. 기본적으로 페미니즘은 어떤 관점을 바꾸는 일이라고 생각해요. 생각의 중심을 나에게서 여성 그리고 다른 사람에게로 돌려서 또 하나의 관점을 장착하는 거죠. 그래서 여성이 특정 상황에서 '어떤 심정일까', '어떤 생각을 할까' 생각을 많이 해요. '이런 상황에서 여성은 왜 불편하고 힘들까?'를 고민하다 보면 '이건 아닌데' 하는 생각이 들 수밖에 없어요.

타인의 입장에서 생각하려면 시간이 필요해요. 경험해

보지 못한 일에 대해 공감하기 위해서는 훈련이 필요하니까요. 이론이 아니라 스스로 여성의 입장에서 사회를 생각해보고 사회의 분위기가 어떤지 생각해보는 과정을 경유해야만 생각을 정리할 수 있어요. 그렇게 톤을 맞추는 거죠.

또 한 가지 이야기하고 싶은 건 '나를 어떻게 그리고 어디까지 드러낼 것이냐' 하는 거예요. 남성이 남의 이야기를 하는 것처럼 쓰는 것에 반감을 가지시는 분들이 많아요. 남성 전체의 이야기라면 남성인 저 역시 그 안에서 예외일 수 없잖아요. 그 사실을 항상 염두에 두고 자기 경험을 풀어내야 해요. 전지적 관점에서 제3자처럼 말하는 게 아니라, 자기반성이 있어야 하고 그걸 어느 만큼 어느 정도로 드러내야 할 것인가를 생각해야 하는 거죠.

"'이런 상황에서 여성은 왜 불편하고 힘들까?' 를 고민하다 보면 '이건 아닌데' 하는 생각이 들 수밖에 없어요."

페미니즘을 통해 '내가 어떤 사람인지 더 자세히 알게 됐다'고 쓰셨는데요. 어떻게 가능했나요?

페미니즘은 구조를 보는 학문이라고 생각해요. 사회에서 부과하는 남성성과 여성성에 어떤 것이 있는지에 대해서 우리가 알게 되면 성별에 따라 강요하는 삶의 형태를 발견할 수 있어요. 그러면 내가 부여받은 남성성에 대해 통찰하게 되고 자신에 대해 좀 더 잘 이해할 수 있는 것 같아요. 나의 어떤 부분은 강요된 남성성을 수용하지 못해서일 수도 있고, 너무 의식해서일 수도 있어요. 하지만 강요된 것이란 걸 알게 되면 나는 나라는 사실을 허용하고 자유로워질 수 있어요. 내가 무엇을 잘못했는지에 대해서도 보다 더 정확히 알 수 있고요. 그러면 다음부터는 실수를 반복하지 않을 수 있죠.

오랜 시간 페미니즘 가까이에 있으셨는데요. 주변의 다른 남성들은 어땠나요. 변화가 있었나요?

제 주변에는 진보진영에 속하는 사람들이 많았어요. 그 사람들은 일단 성평등에 대한 기본적인 학습이 돼 있었어요. 2000년대에 영페미 운동이 있었고 호주제가 폐지됐고 여가부가 생겼잖아요. 그래서 페미니즘이 맞다는 걸 알아요. 근데 한 걸음 더 나아가지는 못했던 것 같아요. 페미니즘 운동이 너무 과하다고 평가하는 사람들도 있었고요.

메갈리아가 온라인의 공간에서 미러링의 방식으로 수적으로나 세력으로나 잊혀졌던 여성들에게 전투언어를 만들어줬다고 생각해요. 넷상에서 대부분의 담론이 유통되고 있을 때 여성들의 주장을 보다 강하게 대중적으로 이야기할 수 있는 힘을 실어준 거죠. 그런데 그 이후에 남성들이 적응하지 못한 것 같아요. '왜 온건한 언어로 설득하지 않고 과격하게 공격하냐'는 거죠. 남성들도 적극적으로 여성들의 분노한 목소리가 나오는 배경에 대해 배우려 하고, 설명을 들으려고 했어야 하는데, 그게 잘 안 된 것 같아요. 그래서 지난 시간 동안 남성 페미니스트가 수적으로 늘어났다거나 이들 사이에서 새로운 담론이 나왔다고 보기는 어려워요.

그럼에도 중요한 건 남성들이 온라인 공간에서 드디어 페미니즘을 접하기 시작했다는 거예요. 2015년 이후로 페미니즘이 무엇인지, 좋든 싫든 알게 됐단 말이에요.

일부 가치들에 대해서는 여전히 부정적으로 반응하기도 하지만 최근 몇 년간 페미니즘에 대한 인식이 커진 건 확실해요. 물론 한계는 있겠지만 이제 세대를 막론하고 남성들이 페미니즘을 추상적인 개념으로서가 아니라 어떻게 받아들이고 해석하며 실천해야 하는지 방법을 알아갈 때인 것 같아요. 여러 남성들이 유기적으로 실천을 만들어나갈 수 있다면 더 좋겠고요.

"메갈리아가 온라인의 공간에서 미러링의 방식으로 수적으로나 세력으로나 잊혀졌던 여성들에게 전투언어를 만들어줬다고 생각해요. 넷상에서 대부분의 담론이 유통되고 있을 때 여성들의 주장을 보다 강하게 대중적으로 이야기할 수 있는 힘을 실어준 거죠."

실천을 위해 어떻게 해야 할까요?

우선은 페미니즘에 대한 부정적인 인식부터 개선해야 한다고 생각해요. 그러기 위해서는 먼저 남성 개인의 성찰이 필요하고요. 제가 몇 가지 단계를 만들어 봤는데 성찰, 용기, 설득이에요. 일단 자신이 했던 행동들에 대해서 성찰을 통해 문제의식을 가져야 돼요. 페미니즘을 수용하면 잘못된 것들이 보이면서 세상이 불편해져요. 성차별적이고 여성혐오적인 것들이 보이기 시작하죠. 그때부터 남성 집단 안에서 그게 잘못됐다고 지적할 수 있는 용기가 필요해요. 그다음에 설득을 시작하는 거죠. 개인적 차원에서는 그런 단계들을 통해서 페미니즘을 실천할 수 있다고 생각해요. 그리고 가장 중요한 건 정치권이나 언론의 노력이죠.

그런데 문제는 정치권이나 언론이나 20대 남성의 안티페미니즘을 이용만 하고 있다는 거예요. 저는 여성들이 왜 그럴 수밖에 없는지 통역을 해줘야 한다고 생각하거든요. '여성들이 그렇게 행동할 수밖에 없는 이유는 이런 거야', 그리고 반대로 '남성들이 반발하는 이유는 이런 거야'하고 설명을 해줘야 하는데 그런 과정이 전혀 없어요. 표면적으로 현재 여성과 남성이 싸우고 있는 것처럼 보이지만 생각해보면 여성이 성평등한 길로 나아가는 걸 남성들이 어깃장 놓는 수준이거든요. 우리 사회가 남성 청년들에게도 왜 페미니즘이 필요한 것인지 장기적으로 설득 작업을 해야 된다고 봐요. 무엇보다 '당신의 어려움, 군대 문제, 취직 문제가 페미니즘 때문이 아닙니다'라는 명확한 메시지를 줄 필요가 있어요.

"우리 사회가 남성 청년들에게도 왜 페미니즘이 필요한 것인지 장기적으로 설득 작업을 해야 된다고 봐요. 무엇보다 '당신의 어려움, 군대 문제, 취직 문제가 페미니즘 때문이 아닙니다'라는 명확한 메시지를 줄 필요가 있어요."

언론이 남성들의 행동을 너무 부각시키는 것도 있어요. 이상한 행동과 이상한 생각을 하고 있다고 보도만 하지 왜 그런 일이 일어나는지, 왜 잘못됐는지 이야기하지 않으니까 어떤 문제도 해결되지 않는 거죠. 언론은 분석도 할 수 있어야 하고 대안 제시도 할 수 있어야 하는데 '논란'이라고만 쓰고 모든 걸 끝내는 거예요. 그러면 책임을 피할 수 있거든요. 그러니까 남성들은 반발하고 우기기만 하게 되는 거예요.

언론은 논란 프레임을 거둘 필요가 있고 정치권은 20

대 남성을 표밭으로만 생각하고 이용하지 않았으면 좋겠어요. 민주당 내에서 보궐선거 이후에 군 가산점을 다시 부활시켜야 된다는 이야기를 했었잖아요. 심지어 안까지 만들고. 근데 군 가산점은 99년도에 이미 위헌결정을 받아 폐지된 거예요. 절대 가능할 수가 없는 법안인데 표심 얻으려고 이용하는 거죠. 청년들을 가지고 노는 행동이라고 생각해요. 실질적인 대책은 복무기간을 줄인다거나 군 복무 보상을 적절하게 해준다거나 일자리를 늘린다거나 하는 거지, 그들의 말을 들어주는 척하는 게 아니거든요. 척을 해준다고 20대 남성의 삶이 달라지는 건 아니잖아요.

지금의 남성들은 전보다 페미니즘에 열려 있어요. 자신이 나라를 이끌고 가족을 이끌어야 한다는, 가부장이라는 생각이 없거든요. 보다 더 평등해지고 가사노동을 분담해야 한다는 생각이 어느 때보다 강하거든요. 정치권과 언론이 페미니즘이 무엇인지 자세히 알려주려고 노력하고 성평등 담론이나 새로운 남성성을 강조하고 롤모델도 제시할 수 있어야 해요. 처음에는 반발이 있을 거예요. 그래도 맞는 방향이라는 게 확실하기 때문에 밀고 나가야 하는 거죠.

> **"언론은 논란 프레임을 거둘 필요가 있고 정치권은 20대 남성을 표밭으로만 생각하고 이용하지 않았으면 좋겠어요."**

하지만 '이대남'* 프레임이 너무 막강한 것 같아 보여서 개선할 수 있을까 하는 회의가 들기도 해요.

'이대남'이라는 것이 너무나 말이 안 된다는 건 통계로 증명이 돼요. 시장형 공기업 그리고 300대 상장기업 여남 채용 비율을 보면 2대 8이거든요. 여성이 이공계를 적게 간다는 이야기가 있지만 2대 8은 차별이 너무 심한 거예요. 또 같은 스펙으로 같은 직장에 다니는 여성이 받는 연봉이 17.4% 적다고 해요. 30대 경력 단절 여성이 많아서 경제활동 인구가 거의 20% 이상 차이가 나고 있고요. 명백한 통계가 우리에게 있어요. 객관적인 수치를 계속해서 보여주고 차별의 현실을 드러내는 시도가 늘어나야 해요.

한편으로는 받아주는 누군가가 있기 때문에 프레임이 유지되는 거예요. '이대남' 프레임은 페미니즘 때문에 남

*20대 남성.

성이 역차별받고 있다는 논리잖아요. 그걸 정치권이 수용을 하고 심지어 야당의 당 대표가 노골적으로 표방하고 있으니 더 힘이 세지는 거죠. 심지어 민주당 내부에서도 받아들이고 있고요. 집게손이 왜 논란이 됐을까요? GS25나 다른 기업들 그리고 공공기관까지 포스터를 문제 삼아 억지를 부렸음에도 다 사과해버렸잖아요. 저는 그게 그들에게 승리의 경험을 쌓아줬다고 생각해요. 계속 그래도 된다고, 억울하니까 페미니즘에 대한 테러를 계속해도 된다는 의미가 된 거죠.

안산 선수에 대한 공격이 막힌 건 그들에게 첫 패배예요. 사회적 비난이 거셌잖아요. 그러니까 이런 얘기들을 해요. '숏컷 프레임은 잘못됐다, 웅앵웅으로 밀고 나갔어야 하는데.' 말도 안 되는 얘기죠. '오조오억', '허버허버'가 혐오표현이라는 말을 받아줬기 때문에 또다시 혐오표현 논란을 끌고 나온 거예요. 기분이 나쁘다고 혐오표현이 아니잖아요. 혐오표현은 맥락상 사회적 약자에 대해서 피해를 주거나 배제 기능을 하는 용어가 혐오표현이죠. 사회가 응석을 다 받아준 거예요. 이제 사회가 단호해질 필요가 있어요. 더 이상 그들에게 승리의 경험을 심어주지 않는 게 중요하다고 생각해요.

"사회가 응석을 다 받아준 거예요. 이제 사회가 단호해질 필요가 있어요. 더 이상 그들에게 승리의 경험을 심어주지 않는 게 중요하다고 생각해요."

젠더 기사 쓰기에 대한 강의를 하시기도 하는데, 어떤 부분을 중점으로 기사를 쓰고 있나요?

요즘 나오는 젠더 기사들의 유형은 거칠게 분류하자면 크게 두 가지예요. 먼저 성폭력 기사 그리고 이슈성 기사예요. 첫 번째는 많이 좋아졌다고 생각해요. 예전에 비하면 보도량도 많아졌고요. 여성들의 지적이 많이 있었고 사람들이 민감하게 반응하니까요. 피해자를 보호하지 않는 방식의 보도가 여전히 나오고 있지만 많이 줄어들었어요.

이슈 보도는 직접적인 피해자가 있지 않거나 대체로 사안이 중대하지 않다고 판단하는지 아직도 너무 대충 써요. 예를 들어 어느 프리랜서 아나운서가 영화 '82년생 김지영'을 보고 남긴 부정적 평가를 그대로 기사로 내

보냈잖아요. 한 개인이 SNS에 감상을 올린 것을 왜 메이저 매체에서 그대로 받아쓰고 있는지 이해가 안 되는 거죠.

왜 화제가 됐냐 하면 남초 커뮤니티를 보고 써서 그런 거거든요. 여성 커뮤니티는 대부분 폐쇄형이라 내용을 보기가 힘들어요. 남초 커뮤니티는 다 오픈돼 있잖아요. 그래서 기사 쓰기가 쉬운 거예요. 당시에 그런 기사도 있었어요. 어느 취사병이 '82년생 김지영'을 보고 남긴 감상이라는 건데요. 자신은 하루에 천 명 식사를 요리하는데 고작 일 인분 요리로 불평하냐는 거예요. 주제 의식과 전혀 관련이 없는 얘기잖아요. 화제가 된다고 그대로 옮겨 싣는 거죠. 그런 기사들은 젊은 세대들이 페미니즘을 수용하는 걸 방해해요. 언론은 무언가를 그대로 전달만 하는 사람이 아니라고 생각해요. 무엇이 옳은지 그른지에 대한 가치판단의 역할도 한다고 봐요.

대부분의 기사들이 인터넷으로 소비가 되는데 이슈를 다룰 때 초 단위로 기사가 쌓여요. 그래서 빨리 내는 게 우선이에요. 어떤 관점이나 가치판단을 담지 않아요. 마치 오늘 날씨가 어땠는지 쓰는 것처럼 젠더 문제를 다루는 거죠. 그건 기사라고 볼 수 없다고 생각해요. 독자들은 뭔가 문제가 있어서 '논란'이라고 이름 붙인 기사가 나오는 줄 알아요. 그래서 언론이 '논란'을 오히려 만들어 내는 경우도 있죠.

또 막상 사회적으로 다뤄 볼만한 이야기에 대해서는 '논란'이라고만 쓰고 이상한 중립을 취하기도 해요. 사실 그 논란이 일어나게 된 배경은 안티페미니스트의 비합리적 태도나 공격 때문인데 거기에 대해서는 제대로 얘기하지 않아요.

언론은 페미니스트를 공격하거나 여성혐오의 목적을 가진 행위에 대해서는 명확하게 잘못된 일이라는 메시지를 줘야 한다고 생각해요. 글을 빨리 내야 한다는 이유로 의무를 방기하고 있어요. 그런 점들 때문에 젠더 문제가 한국에서 제대로 다뤄지지 못하고 있는 것 같아요. 편향적 이야기를 너무 쉽게 기사화해주고 있으니까요. 그리고 그렇게 기사화됐을 때 남초 커뮤니티에서는 동력을 받아요. '우리 얘기 기사화됐다'고 기세등등해지는 거죠.

"대부분의 기사들이 인터넷으로 소비가 되는데 이슈를 다룰 때 초 단위로 기사가 쌓여요. 그래서 빨리 내는 게 우선이에요. 어떤 관점이나 가치판단을 담지 않아요."

가끔은 이해하기 힘든 것 같아요. 정말로 한국 남성들이 안티페미니즘적인 사고를 갖고 있는 걸까요? 집게손가락을 믿고 있는 게 사실일까요?

과대 대표되고 있는 거죠. 집게손가락에 동의하는 남성들이 많지는 않을 거라고 생각해요. 숏컷만으로 페미니스트라고 판단한 것도 대부분의 남성들은 말이 안 된다고 생각했을 것 같아요. 근데 남초 커뮤니티에서 열렬하게 이야기하고 있으니까 굳이 나서지 않는 거예요. 그래서 분위기 전환이 필요하다고 생각해요. '너 그렇게 생각하지 않지? 근데 왜 같이 놀아', '너도 알고 보니 페미니스트였네' 그렇게 균열을 내고 혼란을 줘야 해요. 자꾸 언론에서 혹은 이준석 대표 같은 사람이 '페미니즘 싫지' 하고 주입을 시키고 있어요. 잘못된 방식으로 주입을 시키니까 '페미니즘이 나쁜 건가? 싫어해도 되나 보다' 생

각하게 되죠. 페미니즘을 싫어해도 되는 사회가 어딨어요. 그러니까 자꾸 바람직한 논의가 힘들어지고 남성 페미니스트라는 이름이 의심받고 부담감을 얻게 되는 상황이 되는 거죠.

어떻게 균열을 낼 수 있을까요?

우선은 이미 나고 있는 균열을 드러내는 게 중요해 보여요. 남자들도 변하고 있어요. 현재 젊은 세대 남성들은 성구매 경험 비율이 기성세대에 비해 굉장히 낮고, 과거와 다르게 전통적인 남성성에서도 많이 벗어나 있어요. 페미니즘을 실천하는 분들도 있고요. 페미니즘 리부트 이후 6년이 지났어요. 반발을 하면서도 변할 수밖에 없어요. 이 점을 언론이 짚어내지 않는 거죠. 균열이 나 있는 것만 보여줘도 사회가 좀 더 변할 수 있어요. 그러면 '사회가 이렇다더라, 너는 왜 페미니스트 아니야?' 하고 물을 수도 있는 거죠.

남성 개인들이 나서는 것도 효과적일 수 있어요. 가끔 저를 강연에 불러주는 분들이 남성이 이야기했을 때 좀 더 효과적이라고 말씀하시는 경우가 있어요. 그러니 남성들이 페미니스트 선언을 해야 해요. 개인적으로도 이야기하고 캠페인에도 참여하고요. 이름 있거나 영향력 있는 사람이 나서면 힘이 더 커지거든요. 그들이 나설 수 있도록 우리가 사회적인 어떤 압박이나 시그널을 줘야 하는 시기라고 생각해요.

여성할당제 같은 문제에 대해 이야기할 때 논의의 끝에 이르면 결국 능력주의와 평등주의의 갈등으로 보이기도 해요. 현재 대부분의 청년들이 능력주의를 따르고 있는 것처럼 보이는데 지금의 공정성 개념이 옳은 방향일까요?

지금의 공정성이라는 개념이 이준석 대표가 꺼내든 공정성이라고 한다면 상위 20%를 위한 공정성이라고 봐요. 이준석 대표 책을 보면 사회의 엘리트들을 어떻게 경쟁을 통해 효율적인 구조로 만드는지 얘기를 하고 있어요. 상위 20%에게 무한한 경쟁을 통해 능력대로 좋은 자리에 가게 해준다는 말이죠. 일부에게는 필요하다고 생각해요. 이를테면 특정 종목의 운동선수를 선발할 때는 외부적 압박 없이 공정한 룰이 적용되는 게 가장 중요하니까요. 그런데 그 공정성이 온 사회에 적용될 수는 없다고 생각해요. 모든 사람을 위한 공정성이 아니니까요.

"지금의 공정성이라는 개념이 이준석 대표가 꺼내든 공정성이라고 한다면 상위 20프로를 위한 공정성이라고 봐요."

현재 한국 사회에서 이야기하는 공정 논리라는 건 대체로 인서울 4년제 대학 출신 대상이라고 할 수 있어요. 중산층 자녀들이 과거에는 일자리를 비롯해 미래를 걱정하지 않아도 됐잖아요. 지금은 저성장 사회이니까 그들에게도 취업이나 '부모처럼 잘사는 것'이 어렵죠. 안정적으로 자신들의 특권을 유지하고 싶으니까 공정성을 문제 삼는 거예요. '이대남' 담론도 같은 맥락이라고 생각해요. 기존의 N포세대나 88만원 세대라고 하는 세대론도 중산층 자녀들이 미래가 보장되지 않다는 점이 강조됐고, 이 부분이 정치적으로 이용된 측면이 있어요. 그러다가 이제 20대 남성으로 세대론이 쪼개진 거고요.

이준석 대표는 이렇게 얘기하는 거예요. '여성들 때문에 20대 남성들 좋은 자리 못 가잖아. 국민의 힘 지지해주면 떵떵거리면서 살 수 있게 해줄게.' 이미 더 유리한 상황인데 불리한 것처럼 이야기하면서 과거처럼 특권을 유지하고 살게 해준다는 거죠. 결과적으로 기득권을 갖고 있는 사람들에게 기득권을 더 강화해준다고 하는 거예요. 상위권이 아닌 사람들, 나머지 80%의 사람들은 대상이 아니에요. 그런 자리에 갈 수가 없으니까요.

이준석 대표 같은 공정론자의 문제는 인간을 너무 나이브하게 생각한다는 거예요. 인간은 로봇이 아니거든요. 모든 채용, 심사, 감독을 인간이 하는 거고 그래서 제도가 필요한 거죠. 예를 들어 언론사만 해도 여전히 남성들을 뽑으려고 하는 성향이 있어요. 왜냐하면 윗사람들이 대부분 남성이거든요. 그들에게 여전히 여성은 동료가 아니에요. 편하게 일을 시킬 수 있는 건 남성들이라고 생각하고요. 기업이나 기관들이 계속해서 인서울 출신, 남성, 비장애인 같은 주류의 사람을 선호하느라 다른 이들을 배제한다면 그게 공정한 세상이라고 할 수 있을까요?

"이준석 대표는 이렇게 얘기하는 거예요. '여성들 때문에 20대 남성들 좋은 자리 못 가잖아.

국민의 힘 지지해주면 떵떵거리면서 살 수 있게 해줄게.' 이미 더 유리한 상황인데 불리한 것처럼 이야기하면서 과거처럼 특권을 유지하고 살게 해준다는 거죠."

일부 남성들은 페미니즘을 건강한 것, 불온한 것이라며 평가하는데요. 반대로 남성성을 평가해보자면 건강한 남성성은 어떤 모습일까요?

당연히 페미니즘을 수용한 남성성이 제일 건강한 남성성이겠죠. 확실한 건 과거 가부장적 남성성과는 이제 완전히 결별해야 한다고 생각을 해요. 다만 우리가 건강하다고 얘기하는 건 고정불변한 어떤 것은 아니라고 봐요. 사람은 유동적이고 시대는 변화하기 때문에 거기에 맞춰나가야 하는 것 같아요. 한곳에 머물러 있지 않고 계속해서 스스로 갱신해 나갈 수 있는 남성성이어야겠죠.

많은 사람들이 페미니즘을 당연한 것으로 받아들인다면 우리 사회에 어떤 변화가 생길 수 있을까요?

우선 성차별이 줄어든 세상이 될 거고요. 수많은 사회적 차별에 대해 우리 사회가 좀 더 민감성을 가지게 될 것 같아요. 여성차별을 줄어나가면서 다른 차별을 해소하는 방법에 대해서도 상상력을 가질 수 있게 되고요.

앞으로의 계획이 있다면 무엇인가요?

남성 페미니스트들끼리 책을 공저하고 있어요. 또 글쓰기에 대해서 고민을 많이 하고 있는데 앞으로 남성적 글쓰기와는 다른 글을 쓰고 싶어요. 전지적 위치에 올라서서 누군가를 평가하고 무언가를 지적하는 글쓰기가 요즘은 부자연스럽게 느껴져요. 나를 드러내지 않는다는 건 내가 사회의 보편이고 상식과 합리를 규정할 수 있는 힘을 갖고 있다는 생각에서 나온다고 생각하거든요.

여성 페미니스트들은 그렇게 쓰지 않아요. 자신이 누구고, 어떤 위치에 있고, 어떤 지향이 있는지 명확하게 드러내죠. 남성의 글쓰기도 달라져야 한다고 생각해요. 남성은 단일한 존재가 아니니까요. 조금 다른 글을 보여주고 싶다는 생각이 들어요. 자신을 더 많이 드러내고 다른 남성성이 있다는 걸 보여줄 수 있는 글이요. 그런 남성적 글쓰기에 대한 고민을 담은 에세이를 써보고 싶다는 생각을 하고 있어요.

04

서한영교

감각할 권리

서한영교(교오)

시인, 작가, 돌봄 노동자
책 『두 번째 페미니스트』,
『붕어빵과 개구멍』

스스로 페미니스트라고 생각하나요?

스무 살이 되면서 스스로 서한영교라는 이름을 선물했어요. 그날 이후로 19년간 제 삶과 사유의 많은 기둥이 페미니즘을 기반으로 하고 있어요. 생명, 정치, 문학, 철학적인 부분에서도 페미니스트들의 사유를 경유하고 있고, 생활에서도 페미니즘의 감각을 바탕으로 생동하는 일상을 꾸리려 하고 있어요. 그래서 서한영교라는 이름에 자긍심을 느끼며 지내요. 페미니스트라는 이름에 담대하고자 해요.

에세이집 제목으로 선택하신 '두 번째 페미니스트'라는 이름이 자연스럽고 편하게 느껴졌어요.

오랫동안 스스로 페미니스트라고 말하는 것에 있어 늘 망설였어요. 20세기 말에 페미니즘의 세례를 받은 남성들 사이에서 '남성의 신체로 페미니스트라고 말할 수 없다'는 것이 암묵적으로 합의된 윤리였던 것 같아요. 그러다 심보선 시인의 시를 읽다가 '두 번째로 슬픈 사람이 첫 번째로 슬픈 사람을 생각하며 쓰는 게 시'라는 구절을 보고, '두 번째 페미니스트'라는 이름을 처음 떠올렸어요. 그리고 그 이름을 따라서 몇몇 장면과 생각들이 떠올랐어요.

2000년 초반 대학에서 총여학생회 활동을 할 때, '생리휴강'이 이슈였어요. 그런데 남자인 제가 직접 감각할 수 없는 일이잖아요. 그래서 그 이슈에 대해서 명확하게 이야기하기가 난감했어요. 직접 겪을 수 없는 일이기 때문에 직렬로 느낄 수 없으니까요. 주변 친구들에게 처음으로 생리통에 대한 이야기, 생리한다는 것을 숨겨야 했던 이야기, 생리대 기업의 청결에 대한 강박적 억압에 대한 이야기들을 들으며 막연하기만 했던 월경의 감각이 조금은 실감 났어요. 두 번째 사람으로서 병렬로 연결될 수 있다는 걸 처음 경험했죠.

또 책 내고 나서 북토크를 다니면서 많은 여성에게 들었던 이야기 중 하나가 화장실 불법 촬영에 대한 불안감이었어요. 저는 단 한 번도 화장실에 들어가면서 불안한 느낌을 받아본 적이 없거든요. 그즈음부터 화장실에 들어갈 때마다 카메라가 달려 있다면 어떨까, 누가 나를 보고 있다면 어떨까를 떠올려보는 감각 연습을 실험해봤는데, 불현듯 섬뜩하더라고요. 남성인 저에게는 아무런 불안도 일으키지 않는 고정된 젠더 감각체계 안에서 살아왔으니 어떻게든 접근하려고 애쓰지 않으면 느낄 수 없는 감각인 것 같아요. 타인과 함께 생동하며 살아가기 위해서는 병렬로 나란히 연결되는 두 번째의 감각을 익히지 않으면 안 된다고 생각해요.

그리고 두 번째 사람이 꼭 필요했던 장면도 떠올랐어요. 예전에 가정폭력 피해 여성 청소년을 대상으로 글쓰기 수업을 했던 적이 있어요. 너무나 충격적이고 감당할 수 없는 이야기들을 많이 들었어요. 수업을 마치고 며칠 동안은 악몽을 꿀 정도였어요. 당사자들은 어땠을까요? 현실이 악몽이지 않았을까요? 그 이야기들이 세상으로 흘러나올 수 있도록 경청하고 사회적으로 발화시킬 수 있는 2인칭의 자리에 있는 두 번째 존재자가 있어야 한다고 생각했어요. 그래야 그 이야기가 사회적 혈관을 타고 돌아 의제가 되고 제도로까지 닿을 수 있으니까요.

반려자가 아이를 낳았을 때도 절실히 느꼈어요. 출생 후 여성의 신체 상태는 정말 상상 이상이에요. 오로라고 산후에도 계속 하혈을 하거든요. 몸의 모든 관절이 느슨해지면서 계단을 잘 내려가지도 올라가지도 못하고요. 또 아이를 돌봐야 한다는 정신적인 긴장감도 극도로 높은 상태예요. 그래서 이 사람의 곁에서 지지하고, 응답하며 돌봄을 수행할 수 있는 두 번째 사람이 정말 중요하다는 걸 깨달았어요. 없으면 안 된다고, 반드시 있어야 한다고 절박하게 느꼈죠. 이렇게 여러 경로를 지나 '두 번째 페미니스트'라는 제목을 짓게 됐어요.

"이 사람의 곁에서 지지하고, 응답하며 돌봄을 수행할 수 있는 두 번째 사람이 정말 중요하다는 걸 깨달았어요. 없으면 안 된다고, 반드시 있어야 한다고 절박하게 느꼈죠."

『두 번째 페미니스트』는 어떤 내용을 담고 있나요? 또 책을 쓰게 된 계기가 있다면 무엇인가요?

임신, 출생, 육아의 과정 동안 돌봄 노동과 가사노동을 하게 되면서 감각하고, 감응하고, 사유한 이야기를 SNS에 조금씩 올렸어요. 책으로 낼 생각은 전혀 없었고요. 몇몇 출판사에서 출판 제안을 먼저 해주셨는데, 그때마다 단칼에 거절했어요. 페미니즘에 '대한' 이야기를 남성인 제가 쓸 수 있다고 생각하지 않았어요. 그러다 우연

2021년 한국출판문화산업진흥원 지역서점 문화활동 지업사업 일환,
개똥에네 책 놀이터 동시뚱시 수업

한 기회에 아이를 키우는 아빠들을 대상으로 하는 젠더 토크에 초대받아서 제 이야기를 하는 자리가 있었어요. 그 자리를 마치고 어느 한 분이 제게 "이렇게 살아남아 주셔서 정말 고맙습니다"라는 말씀을 하시더라고요.

집으로 돌아가는 길에 계속 그 말이 맴돌았어요. 함께 페미니즘을 공부하던 옛 친구 중에 남성 페미니스트로서 살아남아 있는 친구들이 단 한 명도 없더라고요. 집으로 돌아가는 길에 페미니즘에 '대한' 이야기는 쓸 수 없지만, 페미니즘에 '의한' 이야기들은 쓸 수 있지 않을까, 하는 생각이 들었죠. 페미니즘에 '의해' 휘말렸고, 페미니즘에 '의해' 용기를 얻고, 페미니즘에 '의해' 세계와 대면하였던 이야기라면 써 볼 수 있겠다는 생각이 들었어요. 이 책은 페미니즘에 '의한' 감각, 감응, 사유의 기록들이라고 볼 수 있겠어요.

육아에는 어떻게 참여하게 됐나요?

결혼제도에 대한 거부감이 강했어요. 결혼이라는 것이 정상 가족 모델을 요구하는 가족주의의 장치에 불과하다고 생각하고 있었어요. 그러다 반려자와 7년간 동거 생활을 하면서 생각이 좀 바뀌었어요. 반려자와 페미니즘을 기반으로 한 가족 모델을 실험해볼 수 있지 않을까 하는 생각과 한 인간이 태어나고 성장해나가는 과정을 경험해보고 싶다는 열망이 들기도 했고요. 반려자와 충분히 대화를 나누고, 우리가 어떤 삶을 살아갈지에 대해 선언하는 날로 삼고자 혼인 의례를 했죠.

그 뒤로 반려자가 임신하게 되면서 회사에 육아휴직을 하겠다고 했고요. 회사에서 육아휴직을 쓴 남자는 제가 처음이었어요. 임신 과정부터 출생, 육아에 이르는 모든 과정을 마땅히 함께 겪어야 하는 일이라고 생각했죠. 임신 중에 반려자와 함께 담배, 술, 커피를 끊었어요. 출생을 위한 준비를 하면서 정보를 모았고요. 그 과정에서 출생 후 여성의 신체와 정서가 교통사고 직후와 같다는 말을 들었어요. 그래서 출생 전에 반려자와 약속을 했죠. "산후 100일까지 당신은 회복과 수유에만 전념하고 나머지는 내가 하겠다." 회복이 더뎌져서 200일을 혼자서 가사노동에 전념하게 됐죠. 그 이후부터는 시간이나 역할별로 적절히 분배해서 한 사람에게 너무 많이 몰리지 않게 조절하고 있어요. 육아휴직이 끝나고 나서는 돌봄 중심 생활자로 삶의 시간을 전면 재배치했어요. 직업도 바뀌고, 만나게 되는 사람들도 변하고, 시간을 사용하는 방법도 변하고, 거의 모든 게 변하더군요.

현재 아이가 5살인데 하루 일과는 어떤가요?

제 하루는 1부, 2부, 3부로 이루어져 있어요. 먼저 1부는 가사노동. 아침에 일어나서 청소하고 아이 아침 챙겨 먹이고, 씻기고, 옷 갈아입히고 그러고 나서 빨래를 돌리고, 빨래를 개고 아이 어린이집 등원까지. 그다음 2부는 글 노동시간이에요. 원고를 쓰고, 번역하고, 글쓰기 수업을 하고, 그 밖의 활동이 있으면 그 시간에 하고요. 네시 반부터는 3부 돌봄 노동시간이에요. 아이를 데리고 한강에 가거나 산에 가거나, 다른 친구들을 초대해서 여러 가지 놀이를 해요.

최근에는 아이와 인형 놀이, 소꿉놀이를 같이해보고 있어요. 아이가 주로 또래 남자아이들하고 어울리다 보니까 여자아이들이 하는 놀이에 어울리지 못하는 걸 보았거든요. 그림 그려서 가위로 자르고, 그릇도 만들고 음식도 만들고 하는데 저도 처음 해보는 일인 것 같아요. 그래서 아이를 통해 함께 배우고 있어요. 미세한 감정들을 서로 주고받는 놀이가 소꿉놀이더라고요. '어릴 때부터 여자아이들은 이렇게 놀았구나' 하는 생각이 들어요.

그렇게 저녁 되면 저녁먹이고, 씻기고 누우면 8시 반 정도가 돼요. 그 뒤로 남은 시간은 보너스예요. 그 시간엔 주로 반려자와 함께 수다를 떨면서 시간을 보내요. 둘 다 허브차 마시는 걸 무척 즐기거든요. 보통은 이렇게 돌봄 중심 생활자의 하루가 잔잔히 흘러가요.

"최근에는 아이와 인형 놀이, 소꿉놀이를 같이 해보고 있어요. 아이가 주로 또래 남자아이들 하고 어울리다 보니까 여자아이들이 하는 놀이에 어울리지 못하는 걸 보았거든요."

한 인터뷰에서 '아빠들이 느낌의 세계를 박탈당했다'라고 얘기하셨는데요. 느낌의 세계라는 게 그런 순간들일까요? 육아를 하면서 어떤 느낌의 순간들을 만났나요?

대부분의 남성은 아주 어릴 때부터 약해 보이는 느낌들을 숨기고, 감추는 것에 익숙해요. 특히 자신의 취약한 모습을 꺼내 놓는 순간, 아버지에게 "여자애처럼 울지 말라"고, 형에게 "게이처럼 굴지 말라"고, 친구에게 "장애인처럼 굴지 말라"는 다양한 형태의 정서적 학대를 반

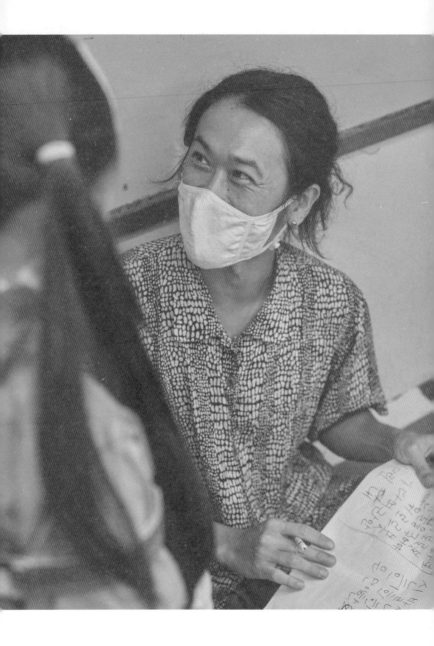

복해서 겪어요. 다른 존재자들을 부정하는 방식으로 구성된 남자다움은 여성/동성애/장애 혐오가 일상에서 벌어져도 문제라는 것을 느낄 수조차 없는 무감각의 세계 속으로 빠져들죠. '아빠가 되고 나면 열심히 일해서 기저귀 값이라도 벌어야 한다'는 가정에 대한 책임과 화폐 노동의 의무가 뒤따르면서 다른 존재와 연결된 느낌의 세계와 접속하지 못한 채 점점 더 가부장적으로 변하게 되는 것 같아요.

아직도 기억나는 게 어렸을 때 계곡에 놀러 간 적이 있어요. 다들 높은 데서 다이빙을 하는데 저만 못 뛰어내렸어요. 뒤에서는 다 큰 남자애가 왜 못 뛰어내리냐고 하고. 아버지도 친척들 말 듣고 욱하셨는지 여자애처럼 그러지 말고 뛰어내리라고 했어요. 근데 저는 그게 너무 무서운 거예요. 그 자리에 앉아서 울었거든요. 집에 가는 내내 그 얘기를 들었어요. 무슨 남자애가 그것도 못 하고 울고 있냐고. 저는 그때 긴장하고 무서웠던 감정을 남자답게 극복하는 것이 아니라 교감하고 나눌 수 있는 대상이 필요했어요. 남자라는 이유로 그런 감정들은 열등한 것이고 숨겨야 하는 거로 여기는 게 너무 싫었어요.

"남자라는 이유로 그런 감정들은 열등한 것이고 숨겨야 하는 거로 여기는 게 너무 싫었어요."

또 제가 초등학교 때 전학을 매해 다녔어요. 새로운 환경에 적응하기 위한 방법을 일찍 간파했죠. 그게 축구였어요. 남자아이들 사이에서 적응하려고 축구를 정말 절박하게 했어요. 그래서 잘하게 됐고요. 초등학교 6학년 때는 창원으로 전학을 갔는데 그날 여자아이도 같이 전학을 온 거예요. 남자애들이 제 주변에 우르르 몰려와서 제일 처음 묻는 말이 "너 축구할 줄 알아?"였어요. 근데 여자 전학생 주변에 모인 여자아이들은 전혀 다른 질문을 해요. "어제 안 무서웠어?", "친구들하고 헤어지는 거 괜찮았어?", "나는 너무 싫었을 거 같아." 그렇게 정서적인 교감을 나누고 있더라고요. 저는 한 번도 그런 교감을 느껴보지 못했거든요. 그때 '내가 원하는 건 이런 거였구나' 처음 느꼈어요.

남자들은 자신의 정서와 느낌을 표현하고 나누는 걸 어렸을 때부터 훈련받지 못해요. 뭔가를 느낄 때 섬세하게 표현하도록 배운 남성들이 얼마나 있을까요? 취약한 부분은 드러내지 않고 강한 척, 든든한 척, 극복한 척해야 하고요. 그래서 자기 취약성과 마주했을 때 누군가와 정서적으로 나누기보다 단절하고 동굴로 들어가죠. 혼자만의 동굴. 한국 남성들 알코올 의존증이 높잖아요. 그리고 1인용의 쾌감에 의존할 수 있는 문화들이 굉장히 많아요. 포르노, 스포츠, 도박, 주식 등등. 대부분 1인용의 영역이거든요. 혼자 동굴 속에서 누릴 수 있는 스펙터클한 쾌감들에 의존하는 거예요. 자본주의 시장은 그걸 끊임없이 공급하는 거고요. 미묘한 정서를 주고받고 감정적으로 교류할 수 있는 방법들은 단절돼 있는 거죠. 결국 정서적 지원을 해주는 엄마를 이상화하고요. 사실 남성이 가장 의존하는 대상은 여성이에요.

"사실 남성이 가장 의존하는 대상은 여성이에요."

여성을 자신의 구원자나 엄마처럼 생각하는 거죠. 아내들이 남편에 대해서 아들 하나 더 키운다고 표현하잖아요. 우스갯소리가 아니라 그만큼 남성들이 여성에게 극도로 의존하고 있다는 거예요. 가사에도 의존하고 정서에서도 의존하고요. '나 바깥 생활하느라 지치고 피곤한데, 네가 좀 해줘야지' 하는 거죠. 여성이 해결해 주지 못할 때는 과격하게 나오거나 억울해하죠.

육아와 돌봄은 남성에게 느낌의 세계를 회복할 수 있는 절호의 찬스라는 생각이 들어요. 누워있던 아이가 버둥거리다가 불현듯 뒤집고, 뒤집고 있다가 불현듯 일어서고, 옹알이하던 아이가 모음과 자음을 조합해서 '물' 하고 불현듯 발음하고. 그런 작고 작은 순간들이 이루 말할 수 없는 감동으로 불현듯 솟구쳐요. 아이를 품에 품고 있을 때라거나, 처음으로 뭔가를 해내는 모습을 보면 전에 없던 감각과 느낌이 생동하거든요. 알록달록 아름답기만 한 감각이 아닌 얼룩덜룩 김칫국물이 묻어있는 감동이죠. 수영을 배우려면 물에 들어가야 하는 것처럼 그 감각의 세계와 만나려면 돌봄의 현장에 들어가 있어야 한다고 생각해요.

그런데 육아휴직을 하겠다고 하면 '집에서 애나 보는 사람'으로 하찮게 취급하거나, 돌봄에 적극적이면 '부인한

테 잡혀 사는 애'라는 식으로 안쓰럽게 말하는 경우가 많아요. 가사노동이나 돌봄 노동이 무엇보다 필수적인 노동임에도 여성화된 노동을 폄훼하는 문화가 만연해 있잖아요. 이런 성차별적 관념과 대결할 수 있어야 비로소 열리는 세계가 있어요. 제가 즐겨 읊조리는 벨 훅스의 문장이 있어요. "한 사람의 남성이 누군가를 사랑하기 위해 가부장적 경계를 용감하게 넘을 때 여성과 남성, 그리고 아이들의 삶이 더 나은 방향으로 근본적으로 변한다."

저는 이 문장을 살아보려 하고 있어요. 돌봄 중심 생활자로서 돌봄의 부담을 반려자와 함께 지고 있다는 상호 유대감, 일상의 느낌과 생각을 사려 깊게 주고받으며 두터워지는 정서적 친밀감 같은 두꺼운 느낌들이 제 느낌의 세계 속에 살기 시작했거든요. 가부장적 경계를 넘어설 수 있는 용감한 아빠들이 돌봄의 현장 속으로 참여하기 위한 정치적 권리로서 감동받을 권리를 함께 요구할 수 있다고 봐요. 이 권리를 쟁취하기 위해 전 사회적인 노동시간 단축과 기본소득에 대한 논의가 이어질 수도 있고요.

"가부장적 경계를 넘어설 수 있는 용감한 아빠들이 돌봄의 현장 속으로 참여하기 위한 정치적 권리로서 감동받을 권리를 함께 요구할 수 있다고 봐요."

책을 읽으면서 세상은 육아라는 걸 왜 한 명이 하도록 만들어 왔는지 의문이 들었어요. 애초에 혼자서 할 수 있는 일이 아닌 것처럼 보여서요.

반려자가 임신했을 때 아이를 키우고 있는 주변 사람들에게 조언을 구하기 위해 여러 엄마를 만났어요. 모두 한결같이 독박 육아에 대한 어려움을 절절히 이야기했어요. 엄마는 독박 육아, 독박 가사, 대리 효도를 하는 3D 직종이라고 하더라고요. 다들 그 얘기를 해요. 이 작은 핏덩이 하나를 지키기 위해서 모든 걸 혼자서 해내야 한다고요. 도움받을 수 있는 곳이 없어서 더 힘들다고요. 적지 않은 이들이 산후우울증을 겪어요. 아이를 버리고 싶다는 생각을 매일매일 했다는 친구도 있고요. 저도 곤란하고 난감했던 적이 한두 번이 아니에요.

사실 가사노동을 전적으로 담당한 건 처음 겪는 일이었어요. 그전까지는 밥하는 게 엄청난 일이라고는 생각을 못 했어요. 근데 아니더라고요. 아침밥하고 정리하고 설거지하고 빨래하고 집 안 청소하고 조금 있으면 점심밥 해야 돼요. 점심밥 식재료 다듬고 점심밥을 하고 점심밥 마치고 정리를 하고 나면 저녁밥 뭐 할지 생각해야 돼요. 냉장고를 둘러보면 먹을 게 없고, 그럼 장을 보러 가야 하고요. 장을 볼 때는 영양소나 짝꿍들의 입맛을 생각해야 하고 그러고 나면 다시 밥이 시작되고, 저녁밥을 마치면 완전히 지쳐 있어요. 살림 근육이 너무 없는 상태에서 겪다 보니까 아이가 돌이 되기 전까지는 매일매일 탈진할 것 같았어요. 그다음 날 또 아침을 생각해야 하고요. 매일매일 밥을 한다는 게, 밥 생각을 한다는 게 너무 큰 부담이었어요.

그때 엄마랑 전화 통화를 엄청 많이 했어요. "엄마는 매일매일 이렇게 했던 거야?", "엄마도 아침, 점심, 저녁 다 했잖아. 아빠 늦게 들어오면 밥상 차려주고", "엄마는 간식까지 만들어줬잖아!" 태어나서 엄마랑 통화를 그렇게 많이 한 건 처음이었던 것 같아요. 하루에 5~6번씩 통화했어요. 온갖 것들을 물어보면서 제가 기억하지도

못하는 영유아기의 역사를 회복하기도 했고, 엄마의 역사도 다시 느끼게 됐죠.

"엄마는 매일매일 이렇게 했던 거야?", "엄마도 아침, 점심, 저녁 다 했잖아. 아빠 늦게 들어오면 밥상 차려주고", "엄마는 간식까지 만들어줬잖아!"

저는 스무 살에 집을 나와 외국 생활을 하면서 집밥에 대한 그리움이 굉장히 컸었어요. 보글보글 된장찌개, 김치랑 멸치볶음, 엄마 잡채. 그런데 그런 순간들이 집밥이 나오기까지의 어마어마한 수고로움은 다 생략되고 엄마 밥상이라는 숭고함으로만 저한테 남아 있더라고요. 육아하면서 '마냥 그리워하고 숭고하다고 생각하는 게 맞는 걸까?' 하는 생각이 들었어요. 이미 경험해버렸고 느껴버렸는데 그건 아닌 것 같다는 생각이 든 거죠. 그리고 이걸 한 사람에게 집중되도록 만드는 게 희생과 사랑이라는, 이상화돼 있고 낭만화돼 있는 모성애 관념이잖아요. 경제적으로나 정치적으로나 어떤 가치 매김

도 하지 않으면서 정서적 가치만 부여하잖아요. 엄마니까 모든 걸 희생해야 한다는 모성애 이데올로기는 정말 극악무도하다는 걸 뼈저리게 느꼈어요. 그래서 저는 엄마가 보내주겠다는 반찬을 아예 안 받아요. 아빠가 함께 만든 거라면 받겠다고 으름장을 놓고 있죠.

엄마의 사랑이라는 이미지를 만들어내는 문화는 정말 셀 수도 없이 많아요. 저는 아동문학을 하고 있으니까 가족에 대한 이야기들을 특히 더 많이 보게 돼요. 엄마라는 존재는 끊임없이 희생하고 잔소리하고 밥해주는 사람으로 이미지화돼 있어요. 우리 사회가 단체적으로 합의하고 있는 엄마에 대한 견고한 이미지인 거죠. 엄마의 사랑이라는 모습 안에서 육아, 가사, 살림, 정서 노동 모든 게 강제적으로 부과돼요. 최근에 아빠들도 참여를 많이 한다고 언론에서 부각하지만, 실제 통계나 지표를 보면 너무 더뎌요. 전년 대비 몇십 프로 늘었다고 해도 전체 통계로 보면 한 자릿수에 머물러요. 좀 더 적극적일 필요가 있는 거죠.

"집밥이 나오기까지의 어마어마한 수고로움

은 다 생략되고 엄마 밥상이라는 숭고함으로만 저한테 남아 있더라고요. 육아하면서 '마냥 그리워하고 숭고하다고 생각하는 게 맞는 걸까?' 하는 생각이 들었어요."

책에서 여성 전업주부 비율을 언급하신 걸 보고 놀랐어요. 여성이 97.9%면 남성은 2.1%인데 조금은 더 있을 거라 생각했거든요.

얼마 전 통계청에서 무급 가사노동 가치 평가 조사[*] 자료가 나왔어요. 2019년 데이터를 가지고 분석한 건데 여성이 한해 356조 원의 무급 가사노동을 감당하고 있어요. 어마어마한 규모죠. 대략 GDP의 5분의 1 규모라고 하더라고요. 여성이 다른 일을 했을 때 벌어들일 수 있는 가치로 계산하는 기회비용법이 아니라 다른 사람을 시켰을 때 발생하는 비용을 따져보는 대체임금법으로 계산해서 이마저도 평가절하됐을 가능성이 높아요. 이제 아빠들이 육아 휴직하자, 육아에 참여하자는 분위기가 조금씩 만들어지고 있지만 그런데도 좀 더디다는 생각을 그칠 수가 없어요.

*가계생산 위성계정(무급 가사노동 가치 평가), 2021, 통계청

북유럽에서는 아빠들의 육아휴직 사용을 강제하기 위해 다양한 정책적 실험을 벌였어요. 돌봄의 책임을 나누기 위해 국가가 개입한 거죠. 육아휴직 참여가 높은 국가들을 보면 남성 할당제를 도입해서 돌봄 노동을 의무적으로 아빠들에게 하게 하거든요. 물론 논쟁적인 부분도 있겠지만 꼭 필요하다고 봐요. 돌봄 노동의 불평등은 젠더 권력의 문제거든요. 권력의 문제에는 민주주의적 개입이 필요해요. 정치적으로도 제도적으로도 돌봄 중심의 상상력이 필요한 때인 것 같아요. 납세의 의무를 바탕으로 한 시민권에서 돌봄을 수행하는 자로서의 시민권으로 새로운 사회계약을 맺을 때가 온 거죠.

모성을 신성화할 때 사회 속에서 자세한 정보를 삭제해버리는 방식으로 대처한 것 같아요. 다른 사람들이 그 세계를 알 수도 없고 알 필요도 없는 것이라고 묵인하는 방식으로요.

농업이 주가 됐던 산업혁명 전까지만 해도 가사노동과 돌봄 노동은 남성과 여성이 적절히 분담해 나가야 하는 일이었어요. 그래서 남편의 영어 어원도 하우스밴드house-band, 하우스본드house-bond, 하우스바운더리house-boundary라고 집을 중심으로 이루어져 있거든요. 허스번드의 정확한 번역어는 남편이 아니라 집사람일지도 몰라요. 산업혁명 이후에 남성 생계 부양자 모델이 개발되기 시작했어요. 남성이 벌어오는 돈으로 여성이 집에서 가사만 돌보는 중산층 계급이 탄생하게 된거죠. 서양식 생계 부양 가족 모델이 그대로 한국 사회에 무리하게 이식됐어요.

집 밖 남성들 세계는 전쟁터가 되어 피도 눈물도 없는 세계에서 살아남기 위해 아버지는 전사적인 이미지로 이상화되고 어머니는 가축화된 집안에서 아이를 돌보는 사랑과 희생의 화신으로 이상화됐고요. 하지만 현실은 그렇지 않았어요. 중산층 계급이 두텁지 않은 한국에서 집 안 여성은 역사적으로 이중 노동, 삼중 노동을 하며 보이지 않는 그림자 노동을 끊임없이 수행하지 않으면 안 됐거든요. 집 밖 남성의 전사적 노동을 부각하기 위해 집 안 여성의 노동은 보이지 않게, 들리지 않게 취급했죠.

IMF 때 가장 먼저 여성 노동자들이 대량해고 되었지만, 사회문제로 대두되지 않았죠. 오히려 '고개 숙인 아버지' 담론만이 부각됐어요. 2008년 글로벌 금융위기 때에도, 2020년 코로나 팬데믹을 맞이한 오늘날에도 반복되고 있어요. 여성의 노동은 보이지 않고, 들리지 않은 채 조용한 학살을 당하고 있다고 해석해야 해요. 제가 요즘에 장애인활동지원사로 노동하고 있는데, 경력이 아무리 많아도 1년 차 활동지원사와 10년 차 활동지원사 임금이 같아요. 사회서비스 노동자 중에 90%가 여성이거든요. 우리 사회가 여성의 노동을 어떻게 구조적으로 착취하고 있는지 알아갈수록 섬뜩해요.

사회가 만들어 온 이미지가 너무 단단하다는 생각이 들어요.

제가 육아 휴직을 하는 동안 주변 남성들에게서 종종 듣는 말이 "집에서 노니까 좋겠다"였어요. 아버지는 "집에서 쉬는 동안 대학원이라도 좀 알아보면 어떠니?" 하더군요. 정말 말문이 턱 막히더라고요. 가사노동과 돌봄노동에 대해 그 어떤 정당한 가치도 부여하지 않는 거죠. 아직도 주변 친척들은 저보고 남자 구실 못한다고 타박해요. 남성 생계 부양 노동자 서사를 중심으로 펼쳐지는 이야기 속에서 저는 미천한 사람이죠. 젠더 이분법적 체계 속에서는 남성-성인-이성애-비장애인-정규직 노동자를 중심에 두고, 여성-비성인-동성애-장애인-비정규직 노동자를 중심 바깥으로 규정해요. 중심 바깥에 있는 존재들은 상대적으로 열등하다고 평가하거나 적절한 가치 매김을 하지 않죠. 너무 견고하고 사회 전반에 만연해서 무너뜨릴 수 없는 성벽처럼 느껴질 때가 많아요. 제가 아무리 집에서 놀고 있거나 쉬고 있는 게 아니라 가사노동과 돌봄 노동을 하고 있다고 반복해서 말해도 전혀 알아듣지 못해요.

"젠더 이분법적 체계 속에서는 남성-성인-이성애-비장애인-정규직 노동자를 중심에 두고, 여성-비성인-동성애-장애인-비정규직 노동자를 중심 바깥으로 규정해요. 중심 바깥에 있는 존재들은 상대적으로 열등하다고 평가하거나 적절한 가치 매김을 하지 않죠."

아직까지 고정된 젠더 관념이 너무나 확고한 것 같아요. 특히 위계화된 남성 세계에서 배제된다 해도 여성 세계로 들어가기에는 남성들도 이미 젠더화돼 있다는 점에서 더 힘든 것 같아요.

그래서 저는 자신의 코뮌이나 커뮤니티를 만드는 게 너

무 중요하다고 생각해요. 저는 사회적 곁이라고 부르는데, 특히 페미니즘을 공부하고 실천하는 남성들에게는 곁이 더 중요해요. 남성들에게도 부분적으로 배제될 거고, 여성들에게는 의심의 눈초리를 받는 경계에 있게 되는데, 이 경계에 있는 사람에게 이런 사이 공간이 중요한 것 같아요. 곁을 발견하고 만들기 위해서 있는 그대로의 자신을 드러내도 공격받지 않고, 비난받지 않는 현장에 참여할 필요가 있어요. 단순한 필요에 의한 것만이 아니라 반드시 그래야 해요. 페미니즘을 기반으로 한 다양한 현장들 속에서 자기 존재감의 근거를 가져야지만 계속성을 유지할 수 있어요. 제가 좋아하는 철학자 스피노자의 말이 있어요. 계속 "존재하는 것이 능력이다."

차별적 사회는 결국 모두를 어렵게 만드는 것 같아요. 남성들도 쉽게 고립에서 벗어날 수 없게 하고요. 그런데 왜 우리는 차별을 인식하기 힘든 걸까요.

고등학생 때 『페니스 파시즘』이라는 책을 읽었어요. 성차별과 문단 내 젠더 권력에 대한 책이었는데 그런 책을 읽은 게 처음이었어요. 이해가 안 가는 단어가 너무 많았어요. 가부장제, 젠더, 남성 중심 등등. 특히 이해가 안 갔던 단어 중 하나가 강간 문화라는 말이었어요. '남성들이 강간 문화를 가지고 있다고? 그게 무슨 소리야?' 낱말 자체가 이해가 안 가서 사전을 찾아봤어요. 사전에는 나와 있지도 않더라고요.

"'남성들이 강간 문화를 가지고 있다고? 그게 무슨 소리야?'"

그러다가 실제로 이해가 되는 순간이 있었어요. 중학교 때 살았던 아파트에 으슥한 샛길이 있었거든요. 남학생들 사이에서 거길 지나가는 여학생의 신체를 만지고 도망가는 문화가 있었어요. 교실 구석에서 날마다 샛길의 무용담이 공유됐어요. 아무렇지도 않게, 낄낄거리고 있던 장면이 떠올랐어요. '아, 그게 강간 문화였구나' 하고 깨달았어요. 또 고등학생이 됐을 때 또래 친구들이 첫 성 경험에 대해서 사냥에 성공한 사냥꾼이 전리품을 전시하듯 여자아이들을 음식, 사물에 비유하면서 경험담을 서로 경쟁적으로 전시하던 장면도 떠올랐어요. 여자 연예인 불법 촬영물 영상을 돌려보며 아무렇지도 않게 품평하고 소감을 이야기했던, 낄낄거리는 남성 연대의 중심에 강간 문화가 있다는 걸 깨닫고 무척 놀랐어요. 저도 아무렇지도 않게 외모 품평하고, 야한 농담 하고, 유머를 가장한 성희롱을 저지르면서 강간 문화에 동참하고 있었다는 것에 섬뜩함을 느꼈어요. 잠재적 가해자가 아니라 그야말로 그 문화를 묵인하고, 동조하고, 지지하고, 연루된 실제 가해자였다는 걸 책을 읽지 않았다면 몰랐을 것 같아요. 어릴 때부터 가부장적이고 폭력적인 문화가 남성들 사이에서 너무 자연스럽게 공유되어 있어서 그게 문제라고 생각도 못 했던 거죠.

'강간 문화'라는 개념이 기존에 제가 가지고 있던 관점을 뒤흔들었어요. 처음으로 여성의 관점으로 주변을 돌아보았을 때 세상이 달라 보이더라고요. 차별을 인식하지 못하는 건 자기 관점이 절대화되어 있을 때예요. '너 정신병자냐?'라는 말이 장애 혐오라는 걸 인식되기 위해서는 장애인의 관점에 감응할 수 있을 때 가능할 거라 생각해요. 차별을 인식하기 위해서는 다양한 관점들을 자기 관점에 뒤섞을 수 있어야 해요. 페미니스트 인류학자 메릴린 스트래선은 '부분적인 연결'에 대해서 말해요. 저마다의 관점 속으로 흩어지는 것이 아니라 다양한 관점들과 어떻게 '부분적인 연결'을 하며 관계해야 할지에 관해서 묻죠. 주체적 관점이 아니라 다양체적 관점이 차별을 인식할 수 있는 힘이라고 생각해요.

그런 의미에서 '차별금지법'을 제정하는 것이 중요한 계기를 마련할 수 있다고 생각해요. 지금 사회는 모든 사람의 의견을 수용해서 정치를 만들어 간다면서 너무 많은 혐오를 방조하고 있어요. 우리 사회 어디에서 폭력과 차별, 불평등의 문제가 극단화돼 있고 계급화되어 있는지 살펴보는 것에서부터 시작해야 한다고 봐요. 차별은 권력의 문제거든요. 권력이 독점하고 있는 관점에서 보이지 않는 자, 몫이 없는 자들의 관점에서 조망된 세계를 폭력으로부터 보호하는 것이 무엇보다 중요하다고 생각해요. 권력의 문제를 개개인의 선한 윤리적 역량을 키우기 위한 캠페인과 교육만으로는 해결할 수 없거든요. 우리가 자본가들을 교육해서 노동 문제를 해결하려고 하지 않잖아요. 아무리 교육한다고 해도 지배계급이 누려온 카르텔이나 이익을 순순히 포기하지 않을 테니까요. 그래서 남성 개인에게 끊임없이 개인적인 깨우침을 요구하는 것보다 정치가 적극적으로 개입돼야 한다고 봐요. 그래야 우리 시대에 어울리는 남성성도 발명될 수 있고요.

"모든 사람의 의견을 수용해서 정치를 만들어 간다면서 너무 많은 혐오를 방조하고 있어요. 우리 사회 어디에서 폭력과 차별, 불평등의 문제가 극단화돼 있고 계급화되어 있는지 살펴보는 것에서부터 시작해야 한다고 봐요. 차별은 권력의 문제거든요."

우리 각각이 페미니즘을 선택할 수는 없을까요?

남성에게 페미니즘을 선택한다는 건 손잡이까지 칼날인 칼을 쥐겠다는 거예요. 쥐는 순간 다칠 수밖에 없어요. 화해하기 어려운 무수한 과거의 실수들과 함께 살 수밖에 없어져요. 또 자기 안에 작동하고 있는 젠더 권력을 거의 실시간으로 마주쳐야 하는 일상이 펼쳐지죠. 그래서 저는 남성이 페미니즘을 선택한다는 건 주체적 선택 이전에 신체적 선택이어야 한다고 봐요. 페미니즘을 주체적으로 선택했던 수많은 남성 정치인들이 실패했던 건 신체에 남아있는 가부장적 감각들을 들여다보지 않

아서예요. 대한민국을, 서울을, 진보진영을 바꾸겠다면서 자기 감각은 바꾸지 않았죠. 남성에게는 페미니즘 인식론이 아니라 페미니즘 감각론이 더 긴박할지도 모른다고 생각해요.

로자 룩셈부르크는 사회주의 혁명에 관해서 이야기하면서 "자본가들의 도시건물의 벽돌을 하나씩 빼서 부수는 것"이라고 했어요. 저도 비슷하게 생각해요. 가부장들의 건물의 벽돌을 하나씩 빼서 부수는 것에서 계속되는 페미니즘 혁명이 있다고 봐요. 제 아이는 다섯 살 아들인데요. 머리가 길어요. 그래서 여자아이 아니냐는 이야기를 거의 날마다 들어요. 남자아이라고 하면 "미안해요"라거나 "무슨 남자애가 여자애처럼 머리를 그렇게 기르고 다니냐"는 말을 자주 듣게 돼요. 그러면 저는 '아빠가 아이보다 머리가 더 길어요'라고 대답해주기도 해요.(웃음) 날마다 이런 말을 반복해서 듣다 보면 '다른 남자아이들처럼 머리를 좀 짧게 잘라 줄까' 하는 생각이 무심결에 들기도 해요. 아이에게 물어봐요. "머리 짧게 자를까?" 하면 아이는 긴 머리가 좋대요. '짧은 머리는 남자아이', '긴 머리는 여자아이' 같은 무채색 고정관념에 페미니즘은 다양한 무지개색 언어와 감각들을 제공해줘

요. 고정된 이미지, 색깔, 관념의 바깥을 탐색하여 실험할 수 있게 하죠. 남성이 페미니즘을 선택한다는 건 가부장제의 벽돌을 하나씩 빼 나가는 작은 혁명들이 날마다 일어나는 자기 현장을 가진 페미니즘적 신체를 연마하겠다는 말과도 같아요.

"'페미니즘을 주체적으로 선택했던 수많은 남성 정치인들이 실패했던 건 신체에 남아있는 가부장적 감각들을 들여다보지 않아서예요. 대한민국을, 서울을, 진보진영을 바꾸겠다면서 자기 감각은 바꾸지 않았죠. 남성에게는 페미니즘 인식론이 아니라 페미니즘 감각론이 더 긴박할지도 모른다고 생각해요."

페미니즘은 무엇을 규정하는 것보다 무엇과 관계하는 것에 더 관심 있어 보여요. 페미니즘적 관계 맺기의 특성이나 차이가 있다면 무엇일까요?

남성연대의 질서 속에서의 관계 맺기는 나이, 촌수, 학번, 지위, 지역, 영향력, 돈 등등에 따라 위계화되는 경우가 많아요. 여성스러운 남성은 가장 아래에 있죠. 게이들은 아예 남성연대 내부로 들어오지 못하고 추방되기도 하고요. 학교와 군대를 거치면서 뼈저리게 경험하죠. 계집애나 게이처럼 보이는 남성들이 얼마나 살벌한 폭력 속에서 모욕을 겪게 되는지 알게 돼요.

하지만 페미니즘을 기반으로 한 관계 맺기는 평평한 공간에서 시작돼요. 처음 페미니즘에 접속했을 때 지금은 영페미니스트들이라고 불리던 선배들은 모두 평어를 썼어요. 후배인 저에게도 그냥 평어를 쓰라고 했고요. 나이나 학번에 상관없이요. 그 경험이 저한테 굉장히 인상 깊었어요. 남성연대에서는 한 살이라도 나이가 많으면 무조건 형으로 대접해줘야 했거든요.

페미니즘적 관계 맺기는 이 평평함을 바탕으로 한 평등함을 지향하죠. 제가 속해있는 녹색당에서는 어떤 모임을 시작하기 전에 '평등문화약속문'이라는 걸 항상 먼저 읽어요. 거기에 "외모에 관련된 발언을 주의한다", "연애와 결혼은 필수가 아님을 유의한다", "상대방이 원치 않은 신체접촉은 하지 않는다", "혐오발언을 하지 않으며 혐오발언에 대해서 항의한다"는 항목들이 있어요. 페

미니즘을 기반으로 한 관계 맺기는 기존에 우리가 맺어온 수많은 관계방식 속에서 작용하던 권력 관계를 무효화시키는 방식으로 작동해요. 그래서 해방적이라고 할 수 있죠. 여자와 친구를 할 수 있다/없다 따위의 질문은 전혀 통하지 않아요.

대부분의 남성들은 '성취' 이후에 '관계'가 따라온다고 생각하는 것 같아요.

가끔 남자들만 모인 자리에 참석할 때가 있어요. 대부분 자신의 소셜 프로필로 이야기가 시작돼요. 자신이 어떤 일을 하고 있는지가 존재감을 획득하는 가장 강한 근거인 거죠. 남성성의 근거가 대체로 돈·명예 그리고 어떤 사회적 지위나 영향력이에요. 혹은 뭔가를 이끌 수 있는 매력이나 지배하고 있다는 사실이죠. 남성성 서사의 구조 중에 도전하고, 극복하고, 성취하는 능력 있는 인물로서의 남성이 있죠. 그 인물의 능력은 그가 소유한 것들의 목록에 의해 상징적으로 대접받고요. 집, 차, 연봉, 가족, 지위….

저는 스스로에 대해 말해야 할 때 멋있는 척하지 않으려고 해요. 멋있어 보이는 이름들이 몇몇 있기도 하지만

서로와 함께

대개 돌봄 노동자라고 말해요. 이렇게 말하면 놀란 표정을 지어요.(웃음) 그런 표정을 보는 재미가 쏠쏠해요. 그 이후엔 질문이 급격히 줄어들죠. 그들에겐 제가 관계 맺을 만한 쓸모 있는 사람이 아닌가 보죠.

요즘엔 바느질 하는 친구가 있어서 조만간 아빠들이 아이들과 함께 바느질을 하는 모임을 준비하고 있어요. 소셜 프로필에만 기반해서 서로를 만나는 게 아니라, 일상의 시시한 이야기들을 나누며 다양한 감각과 감정을 나눌 수 있으면 해서요. 남성성을 구성하는 젠더 체제는 너무 복잡하고 구조적으로 얽혀 있어서 이를 단번에 해결할 수 있는 마법 지팡이는 없는 것 같아요. 각자의 현장에서 작게 크게, 느리게 빠르게 벽돌을 하나씩 빼내는 일을 모색하는 것과 각자의 현장들이 서로 동맹을 구축하는 것이 중요하다고 생각해요.

"가끔 남자들만 모인 자리에 참석할 때가 있어요. 대부분 자신의 소셜 프로필로 이야기가 시작돼요. 자신이 어떤 일을 하고 있는지가 존재감을 획득하는 가장 강한 근거인 거죠. 남성성

의 근거가 대체로 돈·명예 그리고 어떤 사회적
지위나 영향력이에요. 혹은 뭔가를 이끌 수 있
는 매력이나 지배하고 있다는 사실이죠."

**작가님은 페미니즘 활동을 통해 연결된 분들이 많은 것 같아
요. 페미니즘 공부와 그 관계들을 통해 어떤 도움을 받았나요?**

페미니즘적 공간에 접속할수록 해방감이 대단했어요.
그 누구도 여자/남자로 단서를 달지 않았거든요. 남자다
운 척 과장하지 않아도 되고, 여자다움이 조롱거리가 되
지 않았죠. 특히 퀴어 친구들을 만나면서 기존의 남성
문화에서는 상상도 할 수 없는 다양한 관계를 맺을 수
있었어요. 여성이나 퀴어들과는 우정을 나눌 수 있는 대
상이라고 생각하지 않았는데, 이들과 친구가 된다는 게
얼마나 든든한 일인지 알게 됐어요.

또 페미니스트라고 스스로 부르는 선배, 어른들을 만나
면서 롤모델이라는 것도 생겼죠. 보통 성공한 남근적 모
델들을 보면 번쩍거리는 소셜 프로필이나 자신이 소유
하고 있는 물질적 토대를 내세우잖아요. 제가 만난 페미

니스트들은 수많은 사회적 관계망 속에서 교감하고 돌보면서 성장해나가는 사람들이었어요. 그리고 무엇보다 싸우는 사람들이었어요. 더 물러설 수 없는 사람들 곁을 끝까지 지키는 사람들이었고, 더 물러나지 않기 위해 자기 목소리를 분명하게 내는 사람들이었어요. 세상에 당당했고요. 제가 아는 어른, 선배들과 너무 달랐고 멋있다고 느꼈어요. 아직도 그 눈빛들을 기억해요. 맹렬한 눈빛과 다사로운 눈빛을 동시에 가진 선배, 동료 페미니스트들에 휘말려 페미니즘 공부를 하게 되면서 제 삶을 떠받치는 주요한 기술들을 많이 익혔죠.

"페미니즘적 공간에 접속할수록 해방감이 대단했어요. 그 누구도 여자/남자로 단서를 달지 않았거든요. 남자다운 척 과장하지 않아도 되고, 여자다움이 조롱거리가 되지 않았죠."

페미니즘은 저에게 자본주의 체제에서 어떻게 살아갈 것인지에 대해 안내해줬어요. 자본주의 구조는 여성, 제 3세계, 노동자, 자연을 착취하며 유지되는 자본주의적 가

부장제 경제라는 것을 페미니즘을 통해 배웠거든요. 마리아 미즈나 반다나 시바 같은 에코 페미니스트들은 화폐를 생산하는 것이 목적이 아닌 삶을 생산해 내는 것으로서 자급의 관점을 얘기해요. 소유하고, 축적하고, 착취하는 방식이 아니라 공유하고, 선물하고, 공생할 수 있는 돌봄 경제를 구축해야 한다고 하죠. 이 자급의 관점을 지향하며 살아가고 있어요. 저희 집 문패가 있는데 〈자본주의 비무장지대〉예요. 소비하기보다 가능한 직접 제작하고, 소유하기보다 공유해서 쓰고, 화폐증식을 위해 투자하기보다 돌봄 경제를 위해 선물을 나누며 살아가고 있어요. 페미니즘을 통해 배운 중요한 삶의 기술이죠.

또 페미니즘은 계속해서 다른 방식으로 감각하고 사유하게 만들어줘요. 사회주의 페미니스트 도나 해러웨이를 좋아하는데, 『트러블과 함께하기(Staying with the Trouble)』라는 책에서 자식이 아닌 친족을 만들자는 주장을 읽고서 뒤통수가 띵했어요. 혈연 중심이 아니라 우정과 동맹의 관계망을 만들자는 거예요. 현재를 여섯 번째 대멸종이 진행 중인 인류세Anthropocene로 파악하고 지구적 위기에 대처하기 위해 다양한 관계를 만들자는 거죠. 그래서 인종, 민족, 계급을 뛰어넘는 것뿐만 아니라 사물, 기계, 로봇들과도 서로 돌보는 관계인 '친척'이 되자고 말해요.

요즘 저랑 짝꿍이 아이를 돌보면서 그렇게 감각하고 사유해보려고 연습하고 있어요. 아이를 자식이 아니라 서로 정성을 다해 돌보는 동맹 관계인 친척으로 감각하고, 생각해보자고요. 이런 감각 연습은 언어 연습으로 이어져요. 아이가 말을 배우기 시작하면서 "내 꺼야"라고 말하곤 했는데 '내가 돌보는 거야'라고 고쳐 말할 수 있게 가르쳐주었어요.

사물을 소유하는 것이 아니라 돌봄의 동맹 속에 함께 있다는 걸 느낄 수 있었으면 해서요. 이 말을 아이가 쓰기 시작하니까, 어린이집에서 함께 생활하는 다른 아이들도 이 말을 쓰기 시작하더라고요. 페미니즘에 의해 촉발된 감각의 기술이죠. 여러모로 페미니즘이 제 삶에 많은 부분을 경유해요. 일일이 다 말하기 어려울 정도죠.

"『트러블과 함께하기』라는 책에서 자식이 아닌 친족을 만들자는 주장을 읽고서 뒤통수가 띵했

어요. 혈연 중심이 아니라 우정과 동맹의 관계망을 만들자는 거예요."

남성에게는 돌봄의 경험이 비교적 많지 않을 것 같아요. 돌봄의 관계망에 남성들이 가까워질 수 있는 방법은 없을까요? 또 돌봄 중심의 사회가 되려면 어떻게 해야 할까요?

2020년 5월 4일, 어린이날을 앞두고 10년 차 택배 노동자 정 씨가 심정지로 돌연사했어요. 어린이날을 맞아 가족과 함께 1박 2일로 제주도로 여행을 떠나기로 한 날이었대요. 오전 6시 출근해서 오후 9시 퇴근하고 휴식 시간도 없이 하루 15시간 동안 일했다고 해요. 돌봄을 위한 시간을 쓸 수 있었을까요?

돌봄의 문제는 노동계급의 문제와 겹쳐있어요. 신자유주의 팬데믹은 '아무도 남을 돌보지 마라'는 구호 아래 경제성장과 수익 창출을 위해 노동을 극단적으로 계급화하고, 비정규직화하고, 플랫폼화하죠. 이 과정에서 임금노동은 지나치게 위협받고, 불안한 자리가 되어버렸어요. 예컨대 택배기사, 건설노동자, 비정규직 노동자에게 육아휴직은 그림의 떡이죠. 노조할 권리도 없는 특수

고용 노동자들에게 육아휴직이라는 건 말할 것도 없어요. '몇 가지 정책적 변화로 돌봄의 문제를 해소하는 것이 가능할까' 생각해보면 그렇지 않은 것 같아요. 지금의 출생장려 정책이라는 게 전혀 통하지 않고 있잖아요. 정책의 변화가 아니라 체제가 변화하지 않으면 안 된다고 생각해요.

저는 그 체제 변화를 이끌 수 있는 것이 돌봄 중심 사회로 전환이라고 생각해요. 돌봄이 삶의 모든 부분에서 중심이 되어야 해요. 코로나 팬데믹을 겪으면서 돌봄이 필수노동임을 인정하지 않을 수가 없게 됐잖아요. 거리가 닫히고, 시장이 멈추고, 사회가 불안으로 얼어붙었을 때에도 절대 멈추어서는 안 되는 일이 '돌봄'이었어요. 돌봄이 없이는 아무것도 안 된다는 걸 모두가 느꼈어요. 가장 필수적인 것이 중심이 돼야 해요. 코로나 팬데믹 이후의 사회는 돌봄을 중심으로 다시 설계할 수 있을 때 탈성장, 탈자본주의를 향한 생태적 경로를 만들 수 있다고 봐요.

"돌봄이 없이는 아무것도 안 된다는 걸 모두가

느꼈어요. 가장 필수적인 것이 중심이 되어야 해요. 코로나 팬데믹 이후의 사회는 돌봄을 중심으로 다시 설계할 수 있을 때 탈성장, 탈자본주의를 향한 생태적 경로를 만들 수 있다고 봐요."

페미니즘이 이렇게 많은 전망을 제시하고 있는데 남성을 포함한 사회 전반이 보다 적극적으로 참여할 필요가 있는 것 같아요. 하지만 반페미니즘적 분위기가 자유로운 참여를 막고 있는 것 아닌가 하는 생각도 들어요. 해결할 수 있는 방법이 없을까요?

확실히 페미니즘과 페미니스트에 대한 낙인이 너무 강한 것 같아요. 제 책이 나왔을 때만 해도 주변 남성인 친구 중에 "지하철에 못 들고 타겠다"고 하는 친구가 있었어요. 다른 친구는 제 책이 나오기만 하면 자기가 운영하는 편집숍에 진열해서 많이 팔아주겠다고 했는데, 막상 책이 나오고 나서 제목을 보고선 "가게에 진열하기는 좀 어렵겠는데…" 하기도 했어요. 페미니스트라는 말에 대한 한국 사회의 낙인이 정말 강하다는 걸 그때 느꼈어요. 페미니스트라는 이름이 들어간 책을 지하철 안에서

읽는 것만으로도 부담이고, 가게에 진열해 놓는 것도 부담이구나 싶었죠.

페미니스트라는 단어를 둘러싼 백래시가 어마어마한 거예요. 두려움을 이용해 지배하려는 방식이 끈질기죠. 한국만이 아니라 전 세계적인 현상이에요. 지금 상황을 해결할 수 있는 단 하나의 방법이 있을까요? 저는 이를 해결할 수 있는 단 하나의 근본적인 해결방식에 관해서 이야기하는 사람들을 믿지 않아요.

도나 해러웨이 같은 경우에는 '트러블과 함께하기'라고 말해요. 특정한 솔루션solution이 있는 해결할 수 있는 문제에 대해서는 프라블럼problem이라고 하지만 트러블은 해결이 안 되는 거거든요. 문제에서 단번에 벗어나려고 하지 않고 해결이 되지 않는 팽팽한 상태에 머무르면서 감각하고 감응하고 사유하는 거죠. 서둘러 해결해서 안도감을 얻기보다 소화불량의 갑갑한 느낌을 유지한 채로 질문하고 응답하면서 나아가는 것이 훨씬 중요하다고 생각해요. 완전히 해결할 수 없다면 트러블과 함께, 담대하게 나아가는 수밖에 없어요.

"트러블은 해결이 안 되는 거거든요. 문제에서 단번에 벗어나려고 하지 않고 해결이 되지 않는 팽팽한 상태에 머무르면서 감각하고 감응하고 사유하는 거죠. 서둘러 해결해서 안도감을 얻기보다 소화불량의 갑갑한 느낌을 유지한 채로 질문하고 응답하면서 나아가는 것이 훨씬 중요하다고 생각해요."

일부 남성들은 페미니즘에 동의하지만 성별이 남성인 자신이 페미니즘을 지향한다고 했을 때 다른 이들이 싫어하지 않을까 하는 불안감도 많이 갖고 있는 것 같아요.

책을 내면서 걱정했던 부분 중 하나가 그거였어요. 남성인 제가 페미니즘을 익히기 전에 했던 생각나지도 않는 수많은 과오들이 분명 있을 수밖에 없다고 생각했어요. '누군가 내 책을 보고 나의 과오에 관해 이야기한다면 나는 어떻게 응답할 수 있을까?', '무슨 일이 있었는지 정확하게 알아야 사과를 할 텐데, 잘 기억하지 못하는 일에 대해 이야기한다면 어떻게 응답해야 할까?' 책 나오기 전에 그런 고민을 적지 않게 했어요.

그 무렵에 동료 페미니스트가 이렇게 얘기했어요. "교오야, 태어날 때부터 페미니스트가 어딨어. 그리고 완벽한 페미니스트란 건 없고, 진짜 페미니스트란 것도 없어" 그러면서 "'그럼에도 불구하고'를 가지고 있는 사람을 페미니스트라고 하는 거야"라고 하는데 정신이 번쩍 들었어요. '그럼에도 불구하고를 끊임없이 해낼 수 있다면'인 거죠. 랭보의 시 「나쁜 피」 중에서 "떠나지 않을 테다. 내 악덕으로 덮인 이 땅의 길을 다시 가자. 철들 무렵부터 내 옆구리에 고통의 뿌리를 박은, 하늘까지 닿아 나를 때리고, 나를 엎어뜨리고, 나를 끌고 가는 그 악덕을 짊어지고"라는 구절이 있어요. 이 구절이 힘이 돼요. 그래서 저는 떠나지 않고 계속해서 나아갈 수 있게 하는 '지향'이라는 말과 '계속성'이라는 개념에 대해서 요즘 많이 생각하고 있어요. 끊임없이 지향하면서 질문하고 머무르고 있는 자리를 넘어서려고 하는 갱신의 과정에 있는 페미니스트가 되고자 해요.

저에게 페미니즘은 나의 해방이 당신의 해방과 긴밀히 연결되어 있다는 것, 나의 싸움이 당신의 싸움과 긴밀히 연루되어 있다는 것, 나의 불안이 당신의 불안과 긴밀히 이어져 있다는 것을 감각하고 감응해 나가는 과정 속에 있어요. 그렇게 연결되어 있다는 동맹의 감각은 불안보다 생동하는 힘이 돼요. 그래서 페미니즘을 익히면서 불안함보다는 오히려 생동감을 더 강렬하게 느껴요.

"교오야, 태어날 때부터 페미니스트가 어딨어. 그리고 완벽한 페미니스트란 건 없고, 진짜 페미니스트란 것도 없어" 그러면서 "'그럼에도 불구하고'를 가지고 있는 사람을 페미니스트라고 하는 거야"라고 하는데 정신이 번쩍 들었어요."

마지막으로 아이 '서로'가 앞으로 어떻게 컸으면 하나요.

구체적으로 생각하고 있는 건 없어요. 한 가지 희망하는 게 있다면 이 세계가 다양하다는 걸 느낄 수 있으면 좋겠어요. 여성/남성 할 거 없이 성적 자기결정권을 가진 무수한 사람들이 있고, 장애인, 한부모 가정, 난민들, 프롤레타리아들이 있다는 거. 세상엔 정말 다양한 무지갯빛의 사람들이 있다는 거. 그리고 동물, 식물, 미생물, 사물들과 연결된 자기 자신이 있다는 걸 느낄 수 있는 존재로 나아갔으면 해요. 무수한 빛깔을 가진 무지개의 감각 속에서 자기 자리, 우리 자리를 만들어나갈 수 있었으면 하는 그런 바람을 품고 있어요.

05

이준형

공정성
담론

이준형

중앙대 대학원 사회학과 재학
정의당 당원

스스로 페미니스트라고 생각하나요?

인터뷰 제안을 받고 생각해보는 계기가 됐어요. 저는 제가 페미니스트라고 굳이 말하지 않으려고 해요. 페미니스트라는 말이 기사 작위처럼 어떤 특정한 조건을 달성해야 성취할 수 있는 지위는 아니지만 스스로에게 주기에는 조금은 주저하게 되는 것 같아요.

주저하는 이유는 무엇인가요?

남성 페미니스트들에 대해 나쁘게 평가하는 말들이 많이 있잖아요. 그런 말들을 인정하진 않지만 왜 나왔는지는 생각해봐야 하는 것 같아요. 자기에 대한 성찰과 반성을 마친 것처럼, 페미니스트로 완전히 도약한 것처럼 행동하는 사람들이 있어요. 그런데 스스로 페미니스트라고 규정한다면 제가 가지고 있는 말이나 행동에 대한 반성과 성찰을 중단시킬 수도 있겠다는 생각이 들었어요. 또 만약에 스스로 페미니스트라고 할 수 있다고 해도, 저는 지금 페미니즘과 관련된 활동을 하고 있지 않아요. 최전선에서 활동하시는 분들과 비교하면 간극이 확 벌어지는 느낌인 거죠. 페미니스트라고 스스로 규정하기 위해서 만족해야 하는 조건들이 명확하게 있지는 않지만, 스스로 저를 돌아봤을 때에 그럼에도 불구하고 페미니스트라고 불릴만한 사람인가? 하는 질문도 들고요. 그런 질문을 끊임없이 하는 것도 나름대로 중요하다고 생각해요.

지향이라고 말할 수 있을까요?

지향이라고 할 수 있을 것 같아요. 페미니즘적으로 사유하고 성찰하는 방식은 특히 남성에게는 또 저에게는 완성형이 되기 어렵다고 생각해요. 그게 페미니스트라고 스스로를 단정하는 것에 대한 머뭇거림이 생기는 이유고요. 물론 스스로를 규정하지 않는 방식도 문제가 없다고 생각하진 않아요. 페미니스트라는 지위를 범접할 수 없는 어떤 것으로 생각하게 만들거나 방어적인 인식으로 들릴 수도 있겠죠. 다만 페미니즘이란 게 이 사회의 다양한 사람들이 평등한 관계를 구축할 수 있는 방법을 모색하는 것이라면 적극적으로 지향하고 있고, 지향해야 한다고 생각해요.

"페미니즘이란 게 이 사회의 다양한 사람들이

평등한 관계를 구축할 수 있는 방법을 모색하는 것이라면 적극적으로 지향하고 있고, 지향해야 한다고 생각해요."

페미니즘을 접하게 된 계기는 무엇인가요?

가장 처음 접한 건 새터나 엠티에서 들었던 성평등 교육이었어요. 대학교 1학년 때 이나영 교수님의 여성학 수업을 들었고요. 가장 비중이 컸던 건 학회였던 것 같아요. 거기에서 생각을 공유하는 게 굉장히 수월했어요.

과정에서 어려움은 없었나요?

거리감을 느끼거나 저항감을 느끼진 않았던 것 같아요. 여성학 수업을 재밌게 들었거든요. 큰 부담 없이 받아들였어요. 주변 남자 동기들은 분개하곤 했는데 저는 그게 오히려 좀 의아했어요.

다른 사람들은 어떤 부분에서 불편함을 느꼈을까요?

페미니즘은 왜 여성만 다루냐는 이야기가 제일 많았어요. 또 남성 중심주의 문화를 비판하면 자신들은 억울하다는 이야기였던 것 같아요. '20대 남자' 담론에서 가장 두드러지는 게 피해자화잖아요. "내가 지배하는 사람도 아닌데 왜 내가 지배 집단이냐"는 거죠. 거기에서 제일 발끈하는 것 같더라고요.

남성으로서 완전히 이해되지 않는 건 아니에요. 처음부터 쉽게 받아들일 수 있는 건 아니니까요. 그런데 부담이 전혀 없었다고 하니까 특별해 보이기도 하네요.

사실 저도 제가 그렇게 부담이 전혀 없던 이유를 정확히는 모르겠어요. 아마도 제가 이 구조의 피해자는 아니라고 확실하게 생각했기 때문인 것 같아요. 피해자가 아니라 오히려 일정 정도의 수혜를 받아왔고, 어떤 면에서는 기득권일 수도 있겠다는 생각을 해요. 여성학 수업을 들으면서 저는 제가 몰랐던 혹은 은연중에 알고 있던 누군가의 차별의 경험들을 알게 됐어요. 그게 하나의 구조의 문제라는 것도요. 그래서 제가 이렇게 평범하게 살아오는 동안 나 또한 차별에 가담하는 사람이었겠구나 싶었죠. 그러면서 페미니즘이 말하는 차별의 경험을 부담 없이 받아들일 수 있었어요. 이런 구조에서 20년 넘도록 피해의 경험이 없었다면, 당연히 수혜를 받는 입장이

었다고 생각해요. 제가 가장 놀랐던 건 그거예요. 국민의힘 대변인이 예전에 우유 당번을 남자만 시켜서 억울했다는 말을 했어요. 남성에 대한 역차별이었다는 거죠. 저는 초등학교 때가 잘 기억이 안 나거든요. 근데 그분은 그걸 굉장한 피해의 경험으로 오랫동안 간직하고 있는 거예요. 십몇 년이 지났는데도요. 우유 당번을 시켰다는 이유로 본인을 구조적 피해자라고 생각할 수 있구나 하고 오히려 신기했어요.

"이런 구조에서 20년 넘도록 피해의 경험이 없었다면, 당연히 수혜를 받는 입장이었다고 생각해요."

보통은 차별의 경험이 없을수록 공감이 어렵지 않나요?

그것도 맞아요. 근데 반대로 생각해보면 그 대변인은 자신은 차별을 겪었다고 생각하지만 다른 사람이 당하는 차별은 밀어둔 거잖아요. 자신의 경험만 최우선의 자리에 놓은 거죠. 이분은 교과서에서 묘사된 성차별적 내용이 어떤 게 있었는지는 기억하지 못하실 것 같아요. 이런 걸 보면 어떤 경험을 했다고 꼭 다른 사람들에게 공감하게 되는 건 아닌 것 같아요. 그리고 꼭 그런 경험이 있어야만 공감할 수 있다고 생각하지도 않고요. 제 경우에는 오히려 '어떤 경험'이 없다는 것 자체가 제가 그런 경험을 할 필요가 없는, 수혜를 받는 사람이라는 사실을 알게 해준 것 같아요.

"어떤 경험을 했다고 꼭 다른 사람들에게 공감하게 되는 건 아닌 것 같아요. 그리고 꼭 그런 경험이 있어야만 공감할 수 있다고 생각하지도 않고요. 제 경우에는 오히려 '어떤 경험'이 없다는 것 자체가 제가 그런 경험을 할 필요가 없는, 수혜를 받는 사람이라는 사실을 알게 해준 것 같아요."

페미니즘을 알게 되면서 특히 좋았던 부분이 있었다면 무엇인가요?

페미니즘을 알게 되는 건 렌즈를 바꿔 끼는 일이라고 하잖아요. 그런데 바꿔 낀 새로운 렌즈는 벗고 싶어도 벗을 수가 없어요. 인지적 해방이라는 표현을 누군가 하셨는데, 완전히 다른 세계를 보고 있다는 경험이 굉장히 매혹적이었던 것 같아요. 또 세상을 새롭게 인식하게 되면서 새롭게 분노하게 되는 일이 생겼어요. 다른 사람들도 같은 문제에 같이 분노하고 있구나 하는 것도 알게 됐고요. 그런 경험의 연쇄가 좋았던 것 같아요. 같은 생각을 공유하는 사람들을 만나서 이야기하고 계속 발전한다는 느낌도 받았고요.

기존의 집단에서는 안전하게 생각을 공유하기 어렵다는 느낌이 있어요. 여성들 사이에서도 남성으로서 어떤 말을 해야 하는지, 어떤 말은 하지 않아야 하는지 판단하기 어려울 때가 있고요.

그런 애매함을 잡아줄 수 있는 공간이 있어야 하는 것 같아요. 어떤 말을 할 수 있고, 할 수 없는지를 구분하는 건 혼자서는 어렵잖아요. 자신의 생각을 말했을 때, '이건 아니고, 이건 맞다'라는 식으로 얘기해줄 수 있는 사람들이 있어야 해요. 계속 혼자 생각한다고 답이 나오는 건 아니니까요.

그런 공간은 어떻게 찾을 수 있을까요?

제 경우에는 대학에서 찾았어요. 학회에서 부담 없이 말하고 또 배울 수 있었죠. 정의당 당원으로 활동하기도 하는데 정당도 좋은 선택지인 것 같아요.

페미니즘을 접하고 일상에서 변화된 부분이 있다면 무엇인가요?

저희 집이 고부갈등이 심했어요. 어렸을 때는 그걸 해석할 수 있는 언어가 없었던 것 같아요. 집에서 제가 태어나기도 전에 돌아가신 친할아버지 제사를 지내는데 친척이 아무도 안 와요. 그런 것들이 다르게 보였어요. 가족과 친척이라는 관계와 그 안에서 관습으로 유지되고 있는 가부장적 제도들이 얼마나 여성 1인에게 의존하고 있는지가 보이기 시작한 거죠. 노동은 어머니가 일임하고 있었지만 제사를 할 거냐, 말 거냐, 어떻게 할 거냐 하는 결정 권한은 어머니에게 없었어요. 가족이라는 관계 안에서도 굉장히 불평등한 관계가 유지되고 있는 거예요. 얼마 전에 제사를 조만간 없애기로 결정했는데, 그 과정에서 제가 현실을 새롭게 해석하고 당사자에게 이야기해 줄 수 있는 흐름이 생겨났어요. 어머니 스스로도 언어화하지 못하고 부정적으로 흐르는 감정을 함께 언어로 만들어나갔어요. 그게 가장 좋은 경험이었고 변화된 부분인 것 같아요.

"가부장적 제도들이 얼마나 여성 1인에게 의존하고 있는지가 보이기 시작한 거죠. 노동은 어머니가 일임하고 있었지만 제사를 할 거냐, 말 거냐, 어떻게 할 거냐하는 결정권한은 어머니에게 없었어요."

함께 분노하고 연대했다는 건 어떤 경험인가요?

제대하고 나서 학교 페미니즘 모임에 들어가게 됐어요. 반성매매를 공부하려고 만든 모임이었는데 어느 순간 '우리 같이 뭐 하나 하자' 하고 의견이 모이게 됐어요. 그러면서 페미니즘 총궐기라는 이름으로 학교 안에서 시위를 열게 됐죠. 학교 사람들, 외부 단체들을 불러서 백 명 정도가 같이 시위를 진행했어요. 당시에 '에브리타임'이라는 대학교 커뮤니티가 문제가 됐었어요. 혐오적인 말들이 검열 없이 나오고 있는 상황이었거든요. 그런 말

들을 피켓으로 만들고 부수는 퍼포먼스도 하고 같이 구호도 외치고 했어요. 사실 학교 안에서 페미니즘 활동을 하면 욕먹기 딱 좋고 고립되기 정말 좋아요. 모든 사람이 다 우리를 비난하는 것 같다는 느낌도 들고요. 그럴 때 함께 시위를 진행하니까 여기에 비슷한 생각을 하는 사람들이 있고, 함께 해 줄 수 있는 사람들이 있고 그 수가 적지도 않다는 걸 확인받는 것 같았어요. 서로 존재하고 있다는 걸 인지하는 과정이 좋았어요.

대부분 여성이었을 텐데, 남성으로서 어색하진 않았나요?

어색한 건 있었어요. 집회 스태프 중에서는 저만 남성이었거든요. 그래도 그게 방해가 되진 않았던 것 같아요. 다른 불편함은 있었어요. 그때 의상 코드가 블랙이었는데, 남자 후배 중에 한 명이 과방에서 일부러 검은색 옷을 안 입고 왔다는 얘기를 했다고 들었어요. 괜히 페미니스트로 오해받기 싫다는 거였겠죠. 근데 저는 그때 검은색 옷 입고 광장에서 질서유지를 도와주고 있었거든요. 알게 모르게 저항받는다는 불편함이 있었던 것 같아요.

학교 내에서 남자들끼리 모이는 자리가 많을 텐데 입에 오르내

리는 일은 없었는지.

의외로 제가 그런 활동을 한다는 걸 잘 모르는 것 같더라고요. 제가 있으면 굳이 얘기를 안 하는 것 같기도 하고요.

페미니스트라고 하면 뜬금없이 악의적인 토론이 벌어지기도 하잖아요?

토론이 벌어지면 어차피 말이 안 통하고 피차 피곤해진다는 걸 알기 때문에 말을 돌려요. 빨리 다른 주제를 꺼내죠. 그 자리에 앉아서 토론해주는 것도 힘든 일이잖아요. 여러 번 토론을 시도해보긴 했는데 잘 안 되더라고요.

사회학과 사람들은 일반적으로 인권에 대한 감수성이 어느 정도 있을 거라고 생각해요. 그래서 페미니즘에 대해서도 열려 있을 것 같은데, 아닌가요?

지금은 안 그런 것 같아요. 제가 15학번인데요. 16학번까지는 남학생들이 여성학 수업을 대부분 다 들었어요. 그 뒤로는 거의 안 듣기 시작했대요. 오히려 더 닫힌 느낌이 있는 것 같아요.

왜 그럴까요?

20대 남성 현상의 등장과 무관하지 않을 것 같아요. 반페미니즘을 중심으로 뭉치는 어떤 정서가 생긴 것 같아요. 여성학 수업조차 듣지 않겠다고 하는 사람들의 비중이 점점 커졌던 게 그런 현상의 전조가 아니었을까 하는 생각도 들고요. 점점 더 단단히 뭉쳐지고 가시화되고 있는 것 같아요.

현재 준형님이 연구하고 있는 주제와 맞닿아 있는 것 같아요.

최근 청년들이 공정성에 민감하다는 말을 많이 하는데, 그 공정성이 누구의 공정성이고 누가 말하는 공정성이냐에 대해서 연구하려고 계획하고 있어요.

과거에는 공정성이나 능력주의 자체를 문제 삼는 일이 별로 없었던 것 같아요. 생존이 우선했으니까 정당한 요구도 불만으로 치부해버렸잖아요. 그런데 연구자료를 보니까 생각보다 공정성에 대한 관념이 크게 변하지는 않았어요. 과거부터 지금까지 여전히 사람들은 능력주의를 굉장한 미덕으로 생각하고 있고요.

맞아요. 크게 달라지지 않았어요. 그런데 왜 지금 정치인과 언론들은 자꾸 공정성을 이야기하는지 의문이에요. 청년이라고 스스로 지칭하는 사람들도 공정성을 울부짖고 있잖아요. 지금은 과정에서의 공정성을 담보하기 위해서 우리가 어떤 방식을 취해야 하는가에 대한 논쟁이 아니라 그냥 자기가 말하고 싶은 모든 것을 공정성으로 포장하는 것에 가깝다고 생각해요. 공정성이라는 포장지를 누가 싼 거냐, 누가 말하는 거냐 하는 게 제 관심사예요. 대표되고 있는 공정성 이외에도 대표되지 못한 사람들의 공정성은 어떻게 생각하는지, 찬성하는지 반대하는지, 어떤 의미를 부여하고 있는지에 대해 서로 이야기를 나눠야 한다고 생각해요.

"지금은 과정에서의 공정성을 담보하기 위해서 우리가 어떤 방식을 취해야 하는가에 대한 논쟁이 아니라 그냥 자기가 말하고 싶은 모든 것을 공정성으로 포장하는 것에 가깝다고 생각해요."

대표되지 않은 공정성은 어떤 공정성일까요?

예를 들면 건강보험공단의 사무 정규직분들은 특정한 시험을 통과해야 공정하다고 생각해요. 자신이 취직하기까지 공부도 많이 했고 스펙도 쌓았는데 정규직이 되려면 자신들만큼 노력해야 한다는 거죠. 반면에 고객센터 직원분들 입장에서 보면 없어서는 안 될 역할을 같은 직장에서 맡고 있는 거예요. 그런데도 자회사의 비정규직으로 두고 처우를 깎을 정당성이 있는 걸까요? 불공정한 거 아니냐는 얘기를 할 수 있는 거죠. 서로 다른 위치의 사람들이 각자의 공정성을 갖고 있고 그 개념을 채워나가는 느낌이 있는 것 같아요. 그게 노동의 지위에 따른 것일 수도 있고 젠더에 따른 것일 수도 있고요. 지금 주목받는 소위 '공정성'이라고 하는 것들은 예를 들어 공기업에서 비정규직의 정규직화를 할 때, 시험을 보라고 하는 거잖아요. 그 정책의 대상인 비정규직 노동자들의 얘기는 크게 주목을 받지도 못하는 거죠. 어떤 정당의 대표는 당직자와 선거 출마자에 한해서 자격시험을 보겠다는 이야기도 하면서 '공정성'을 적극적으로 어필하고요. 이 과정에서 '그럼 지금 이 공정성은 누가 얘기하는 공정성이야?', '누굴 위한 거야?'라는 질문이 당연히 나와야 한다고 생각해요. 가려지고 무시되거나 적극적으로 은폐되는 누군가의 다른 공정성이 있을 수 있다는 거죠.

지금의 상황을 개선하기 위해서는 공정성 담론의 한계를 넓히는 게 좋을까요? 아니면 버리는 게 좋을까요?

공정성이라는 개념이 다차원적이라는 논의는 꽤 오래전부터 이어져왔어요. 연구도 꽤 있고요. 그럼에도 불구하고 지금의 상황에서는 공정성에 대한 논의조차 이뤄지지 않고 있다고 생각해요. 왜 그럴까 생각해보면 지금 우리가 어떤 신문 기사에서 '청년이 공정을 중요하게 생각한다'고 할 때 그런 다차원성에 대한 관심은 크게 없기 때문이 아닐까, 더 심하게는 그게 애초에 중요하지 않기 때문은 아닐까라는 생각도 들어요. 애초에 '공정성'이라는 철학적이고 이론적인 개념이 중요한 게 아니라는 거죠. 어쩌면 지금의 '공정성' 전장에서 가장 중요하게 여기는 건 '내가 피해받고 있다'는 인식인 것 같아요. 내 정규직 일자리가 흔들리고, 내 남성으로서의 권리가 흔들리고, 내 서울권 대학의 지위가 흔들리고… 이런 식의 피해에 대한 감각이 아닐까 하는 생각이 가끔 들어요. 자신이 피해를 보고 있다는 말을 '공정성'으로 포장하는 거죠. 그래서 저는 버리는 게 낫다고 생각해요. 어쩌면 지금의 공정성은 아무 내용이 없는 것일 수 있으니까요. 외연을 넓힌다기보다는 다른 방식으로 나가야 하는 것 같아요.

"어쩌면 지금의 '공정성' 전장에서 가장 중요하게 여기는 건 '내가 피해받고 있다'는 인식인 것 같아요. 내 정규직 일자리가 흔들리고, 내 남성으로서의 권리가 흔들리고, 내 서울권 대학의 지위가 흔들리고… 이런 식의 피해에 대한 감각이 아닐까라는 생각이 가끔 들어요."

정의당 당원으로서는 어떤 활동을 했나요?

당원이신 다른 박사과정 선생님께서 제안을 주셔서 몇몇 당원분들과 함께 세미나를 진행했어요. 성폭력 문제에 대해서 정당과 페미니즘의 관계를 재고해 봐야겠다는 마음으로 시작했죠. 그런 일이 일어났을 때 왜 내부 프로세스들은 하나도 작동을 안 하는지, 어떤 방식으로 나아질 수 있을지를 함께 고민해봤어요.

반성적인 성찰인가요?

공동체적 해결 방법을 찾으려 한 거예요. 성폭력을 어떻게 공동체적으로 해결할 수 있을까, 프로세스에 문제가 있다면 어떻게 개선할 수 있을까에 가까운 거죠. 80년대 때부터 시민 단체 내부에서 성폭력에 대응하기 위해 반성폭력규약 같은 내규를 만들기 시작했고 그게 대학 사회까지 전달된 역사가 있어요. 정당에서도 같은 프로세스가 작동하고 있지만 계속 그런 일이 일어나고 있는 거고요. '과연 우리가 되돌아봐야 하는 건 없을까' 하는 생각을 한 거죠.

성과가 있었나요?

해결이나 답이 나오진 않았어요. 지금의 방식이 성폭력 처리를 외주화한다는 이야기가 있어요. 한 조직에서 성폭력 사건이 발생하면, 성폭력 사건 당사자들의 이해관계와 관련이 없는 사람들끼리 대응위원회를 꾸리고 처리하는 거예요. 외주화된 기구에서 처리가 되면 그 사이에서 공론화가 이루어지지 않고 정보가 공개되지 않아요. 공개되지 않는 정보들 때문에 공동체 구성원 내부에서 2차 피해들이 발생하기도 하죠. 그렇다고 그 과정을 없애버리고 모든 구성원에게 정보를 공개할 것이냐 하면 그렇게 할 수도 없잖아요. 굉장히 어려운 문제라는 생각이 많이 들었어요. 성과가 있었다면 여러 가지 문제점들이 있다는 걸 인식하게 됐다는 거겠죠.

당원으로서 현재 정당의 여성 정치 활동에 대해서는 어떻게 생각하나요?

정당 내의 모든 활동이 그렇겠지만 좋은 점도 있고 어려운 점도 있는 것 같아요. 정의당 내부에서는 가장 대표적인 분들이 장혜영, 류호정 의원님이잖아요. 두 분 다 청년-여성이고요. 당원으로서 그분들의 존재가 든든해요. 의정활동 열심히 하시고, 적재적소에 메시지를 잘 내시고요. 정당 차원에서는 계속해서 정치인을 배출해야 하는데 그런 시스템이 부족하다는 생각을 해요. 지금은 완전히 두 분 개인기에 의존하는 상황 같아요.

한정된 몇몇 사람들에게 너무 많은 기대를 품는 것 같기도 해요. 여성이기 때문에 페미니즘 관련한 활동을 기대하게 되지만 한편으로는 여성이라고 여성에 관련된 일에만 전념해야 하는 건 아니잖아요.

저도 항상 두 가지 생각이 충돌하는 것 같아요. 국회에서 여성이자 청년인 의원은 쉽게 찾아볼 수 없잖아요. 여성-청년으로서 할 수 있는 무언가를 해줬으면 좋겠다는 기대가 있어요. 근데 그런 것 자체가 여성, 청년을 특수한 대상으로 보고 있는 게 아닌가 하는 생각도 드는 거죠.

우리나라 제도에 있어 아쉬운 부분이 있다면 무엇인가요?

기회의 평등은 불평등을 해소시키지 못한다고 생각해요. 기회의 평등을 만들어 내기 위한 수단이 오히려 불평등을 심화시키거나 완전히 도움이 되지 않을 때도 많다고 봐요. 상대적으로 열악한 위치에 있는 대상들에게는 정책적으로 적극적 평등실현조치가 필요하다고 생각해요. 또 현재 공간을 분리하는 정책들에 대해서는 회의적인 것 같아요. 여성 전용 주차장 같은 제도가 있겠죠. 성범죄 예방과 여성을 위한 배려라는 맥락은 이해가 돼요. 하지만 여성 전용 공간을 지정하는 방식이 어떤 경계를 만들고 한정된 공간에 여성을 제한하는 역효과를 낼 수 있는 것 같아요. 모든 사람이 섞여서 살아가야 하는 세상이 이상적이라면 전체를 바꾸는 게 아니라 공간

"기회의 평등을 만들어 내기 위한 수단이 오히려 불평등을 심화시키거나 완전히 도움이 되지 않을 때도 많다고 봐요. 상대적으로 열악한 위치에 있는 대상들에게는 정책적으로 적극적 평등실현조치가 필요하다고 생각해요."

을 분리하는 게 좋은 방향일까 고민하게 돼요. 사실 모든 정책이 지엽적인 부분만 다루고 당사자를 만족시키지 못하는 경우가 많은 것 같고 그게 가장 큰 문제라고 생각해요.

남성들은 페미니즘을 위해 무엇을 해야 할까요?

가장 중요한 건 성찰인 것 같아요. 자신의 말과 행동을 다시 생각해보는 거요. 그게 선행되지 않으면 무의미한 것 같아요. 페미니즘 집회에 나가서 같이 피켓을 들고 시위를 한다고 해도 자기 행동과 말에 대한 지속적인 성찰이 없으면 그건 아닌 거죠. 아닌 것보다 더 못한 것 같아요. 그래서 '나 페미니스트야'하고 선언하는 것보다 페미니즘을 사유하는 또 다른 신체 기관으로 생각해야 하는 것 같아요. 내가 어떤 생각이나 행동을 하든 페미니즘이라는 상상의 신체 기관에 계속적으로 피가 돌게 해야 하는 거고, 그걸 놓지 않는 과정이 페미니즘인 거죠. 그래서 절대 끝날 수도 없어요. 나이가 들어가고, 몸은 변해가겠지만 피는 계속해서 돌아야 하니까요.

반성이나 성찰 때문에 아무것도 할 수 없는 상황이 생기기도 하는 것 같아요. 죄책감의 비중이 너무 커져 버리는 거죠.

남성인데 페미니즘을 공부하면서 스스로 갱생해야 하는 존재로 규정하고 활동하시는 분들도 꽤 있어요. 그런데 어떤 걸 잘못으로 규정하는 것도 중요하지만 더 중요한 건 과거에 내가 했던 행동들이나 했던 말들을 다시 곱씹어서 다른 방식으로 해석하고 어떻게 그걸 앞으로 나아갈 수 있는 양분으로 만들 거냐예요. 과거의 기억이나 죄책감을 동력으로 삼는 건 페미니즘을 죄를 씻는 성수라고 생각하는 거잖아요. 마치 고해성사처럼. 죄책감은 씻어내면 끝이에요. 페미니즘은 성수가 아니라 옆에 있는 사람에게 손을 내미는 거라고 봐요. 죄책감만으로는 손을 내밀 수가 없어요.

앞으로 정당과 연구 활동의 방향성이 있다면 무엇인가요? 또 앞으로 희망하는 삶의 방식이 있다면 무엇인가요?

정당 활동을 적극적으로 하는 편은 아니에요. 다만 지금 동작구 지역위원회 소속인데 그 안에서 무언가를 해볼까 생각은 하고 있어요. 정당 중앙에서 무언가를 하진 않더라도 제가 할 수 있는 최소한의 범위부터 차근차근해나가는 것도 중요하다는 생각이 들었어요. 진행하고 있는 연구는 큰 틀에서 균열을 내는 게 가장 중요한 것 같아요. 언론이나 정치권에서 청년이라고 할 때, 20대 남자라고 할 때, 공정이라고 할 때 우리는 당연히 그 말들을 듣고 하나의 공통된 집단을 상상하게 돼요. '청년은 공정성에 민감하다더라', '20대 남자는 반페미니즘적이라더라' 이런 식의 인식들이 생겨나게 되는 거죠. 단어 하나로 수많은 사람들을 묶는, 소위 통치는 것이라고 생각해요. 정말 다양한 사람들, 다양한 생각과 관점들이 있음에도 불구하고 하나로 묶여지는 것들이 만들어내는 그림자가 많아요. 특히 누군가의 생각은 대표되고 누군가의 생각은 대표되지 않을 때 생기는 부당함의 연쇄가 있다고 생각해요. 대표되는 사람은 계속 대표되고, 대표되지 않는 사람의 말은 계속 주목받지 못하는… 그것도

불평등이라고 할 수 있겠죠. 그래서 청년이든 20대 남자든 뭐든 간에 균열과 틈을 만들어내는 작업을 계속하고 싶어요. 그랬을 때 비로소 새로운 생각과 논의를 밀어 넣을 수 있는 공간이 생길 테니까요.

앞으로 희망하는 삶의 방식이 있다면 게으르지 않았으면 좋겠다는 생각을 해요. 페미니즘을 공부하고 여러 사건을 보고 들으면서 느낀 것 중 가장 중요한 건 '멈추지 말라'는 거예요. 페미니즘뿐만 아니라 지금 이 공간에 타인이 있다는 것, 사회가 있다는 것, 그들 모두가 살아있는 존재라는 생각을 멈추면 안 될 것 같아요. 그걸 멈추는 순간 죽는 것과 다름없다고 생각해요. 혈액 순환이 멈추면 신체 기관들이 전부 망가지는 것처럼 게으르게 멈추지 않고 결국은 죽지 않고 사는 것, 그렇게 다른 사람들과 더불어 살아가는 것. 그게 제가 바라는 삶의 방식이에요.

06

신필규

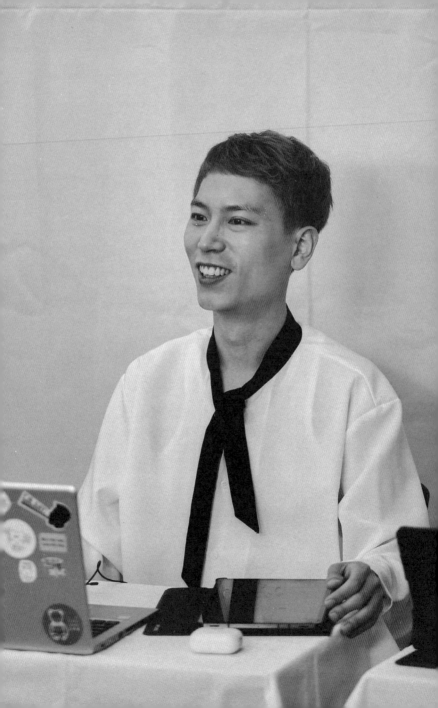

이성애 중심주의 넘어서기

신필규

퀴어 페미니스트
비온뒤무지개재단 활동가

스스로 페미니스트라고 생각하나요?

그렇다고 생각하지만 그렇게 큰 의미를 두진 않아요. 페미니스트라고 말하는 이유는 제가 가지고 있는 지향이나 목표, 하고 있는 활동을 가장 적절하게 설명해줄 수있기 때문이에요.

어떤 면에서 적절하다고 생각하나요?

제 입장을 표현하려면 여러 가지 이야기가 필요해요. 저는 낙태죄 폐지를 지지해서 그동안 운동에 참여해왔어요. 성별 임금 격차도 없어져야 한다고 생각하고요. 아직까지 우리 사회에 성평등이 이루어지지 않았기 때문에 노동이나 복지 그리고 사회 다양한 분야에서 더 노력해야 해요. 무엇보다 성 소수자 차별이 존재하는 건 성별 이분법과 그로 인한 성 역할이 강요되고 있는 상황때문이라고 생각해요. 그런 것들이 무너지지 않으면 성소수자들도 지금의 차별과 편견에서 자유로울 수가 없어요. 저를 소개하려면 이 모든 이야기를 구구절절해야하는데 그냥 "저 페미니스트입니다." 한마디 하면 정리가 돼요. 사람들도 페미니즘에 대해 공유하고 있는 지식이 있으니까요.

활동가로서의 정체성이 강하신 것 같아요. 현재는 어떤 활동들을 하고 있나요?

'비온뒤무지개재단'에서 일하고 있어요. 그보다 더 오랫동안 '한국여성민우회'에서 회원 활동을 했고요. 그리고 주로 오마이뉴스를 통해서 글쓰기 활동도 하고 있어요.

'비온뒤무지개재단'은 어떤 단체인가요?

비온뒤무지개재단은 한국 최초의 성 소수자 인권 활동을 위한 재단이에요. 성소수자 인권활동을 하는 사람들을 지원하는 일을 하죠. 예를 들면 책 『퀴어 성서 주석』이나 연극 공연인 〈래러미 프로젝트〉같은 프로젝트들이 있어요. 가장 최근에는 성 소수자 인권을 상징하는 여섯 색깔이 들어간 길벗체 개발을 지원했고요. 성 소수자 인권 지지 운동인 '나는 앨라이입니다'라는 캠페인도 진행 중이에요. 그리고 현재 재단에서 제가 맡은 가장 큰 역할은 '큐플래닛'이라는 유튜브 채널을 기획/출연하는 일이에요.

'앨라이'라는 단어가 낯선 사람들이 많을 것 같아요. 자세히 설명해주실 수 있나요?

앨라이는 얼라이언스alliance라는 단어의 줄임말이에요. 동맹, 연합이라는 뜻이죠. 북미 쪽에서 처음 만들어졌고 출발은 비당사자를 중심으로 한 개념이었어요. '나는 당사자는 아니지만 성 소수자의 인권을 지지하고 차별과 혐오에 반대해'라는 사람들을 지칭하기 위해 만들어졌죠. 그러면 집단을 구성할 수 있으니까요. 한국에서도 다수의 성 소수자 인권 지지자를 모으는 일이 필요하겠다는 생각에서 비온뒤무지개재단에서도 '나는 앨라이입니다' 캠페인을 진행하게 됐어요. 다만 우리나라에서는 조금 더 포괄적으로 사용해요. 비당사자뿐만 아니라 당사자들 간에도 서로를 응원할 수 있잖아요. 예를 들어 게이인 제가 트랜스젠더 분을 응원할 수도 있는 거죠. 그렇게 보면 제가 그분의 앨라이인 거예요. 서로를 앨라이라고 소개하고 호명하면서 긍정적인 변화를 만들어나가는 게 목표에요.

"앨라이는 얼라이언스alliance라는 단어의 줄임말이에요. 동맹, 연합이라는 뜻이죠. 북미쪽에서 처음 만들어졌고 출발은 비당사자를

중심으로 한 개념이었어요. '나는 당사자는 아니지만 성 소수자의 인권을 지지하고 차별과 혐오에 반대해'라는 사람들을 지칭하기 위해 만들어졌죠."

사람들은 사회가 많이 변했다고 생각하는데, 아직 지지자의 개념도 수입되지 않을 걸 보면 답답하기도 할 것 같아요.

지금은 사람들이 커밍아웃에 대해 많이 알고 있잖아요. 비록 정확하게 사용하지 않을 때가 많지만요. 앨라이라는 단어도 알아가는 단계인 것 같아요. 점점 더 많이 쓰게 될 거라고 생각해요.

'한국여성민우회'라는 단체도 남성들에게는 굉장히 낯선 곳인데, 어떻게 활동을 시작하게 됐나요?

대학교 다닐 때 인권 운동 하는 동아리에서 활동했어요. 근데 군대 갔다 오고 나니까 아무도 없더라고요. 누구는 휴학하고, 누구는 고시촌에 들어가고, 누구는 취업하고. 너무 심심한 거죠. 그래서 1학년 1학기 때 여성학개론 수업을 하셨던 권김현영 선생님께 혹시 회원으로 활동할만한 괜찮은 단체가 있을지 물어봤어요. 민우회가 저랑 잘 맞을 거 같다고 하시더라고요. 그래서 큰 고민 없이 민우회에서 열었던 강의를 신청했어요.

그때 민우회에서 '열독' 강의라고, 고전 여성학자들에 대한 강의를 했었어요. 가보니까 분위기가 너무 좋은 거예요. 저한테는 페미니즘이 그렇게 낯설지도 않았고요. 첫인상이 너무 좋아서 강연장에서 바로 민우회에 가입하고 모임도 가고 했는데 재밌었어요. 단체 밖 다른 공간에서 사람들하고 모이거나 술자리에 가면 저를 불편하게 하는 태도나 행동과 마주할 때가 있었어요. 특히 페미니스트이고 성 소수자인 입장에서요. 그런데 민우회에서는 그런 일이 없었어요. 그러다 보니 어느새 8년이 됐죠. 남들은 "남자 너밖에 없는 거 같은데, 안 어색해?" 물어보는데 이제 그런 말이 더 어색한 것 같아요.

당시에는 페미니즘을 말하는 사람도 많지 않았을 것 같아요.

페미니즘이 뭔지 모르는 사람들이 더 많았어요. 지금 같으면 '메갈리아냐' 같은 질문이 따라붙겠지만, 그때만 해도 여성학이라고 하면 "무슨 여성건강의학과 같은 거냐", "감성 마케팅 같은 거냐"는 얘기들을 했어요.(웃음) 여성학이 뭔지 정확히 설명해주면 이상하게 보고요. 근데 제가 거기서 너무 잘 지내니까 신기해했죠.

다른 단체와 다르게 서로 돈독할 수 있는 특별한 문화가 있나요?

페미니즘을 기준으로 공동체 규칙이나 지향을 마련하고 따르려고 하는 문화가 있어요. 그게 돈독한 분위기에도 도움이 돼요. 페미니즘 단체에서 서로 차별하고 편견을 보이면 안 되잖아요. 하지만 단체 밖에서는 다른 사람의 존재나 삶에 대해 함부로 말하는 경우를 많이 봐요. 외모 평가는 기본이고 누군가의 삶을 두고 '비효율적이다', '이상하다'는 판단도 쉽게 해버려요. 소수자들에 대한 질 낮은 인식은 덤이고요. 그런데 페미니스트인 우리는 그런 것에 편견을 가지고 있으면 안 되잖아요. 개인의 정체성과 성적 지향, 라이프 스타일과 관련해서 서로를 존중하는 규칙이 분명히 있고, 그래서 서로 더 이해하려고 노력하니까 좋은 분위기에서 활동했던 것 같아요.

한번은 대안적 말하기를 함께 고민해보려고 '해보면 캠페인'이라는 걸 진행하기도 했어요. 일상에서 우리가 서

로 만났을 때 자신도 모르게 무례한 말을 한다거나 선을 넘게 되는 경우가 있잖아요. 그래서 편견이나 혐오가 담겨 있지 않는 질문 목록을 만들고, 누군가 무례한 말을 했을 때 대응할 수 있는 말이 담긴 포스트잇을 만든 거죠. 많은 분이 적극적으로 단체 활동에 참여했던 것 같아요. 그런 분위기가 있어요. 페미니즘이라는 가치에 동의하고 차별과 혐오를 갖고 있지 않는 사람이라면 모두에게 평등하게 열려있는 공간이고 단체인 거죠.

"페미니스트인 우리는 그런 것에 편견을 가지고 있으면 안 되잖아요. 개인의 정체성과 성적 지향, 라이프 스타일과 관련해서 서로를 존중하는 규칙이 분명히 있고, 그래서 서로 더 이해하려고 노력하니까 좋은 분위기에서 활동했던 것 같아요."

활동가님은 어떻게 페미니즘을 접하게 됐나요?

저는 초등학교, 중학교 때 학교 폭력을 심하게 겪었어요. 농담 삼아 중학교 때 시작했으면 6년인데 하필 초등학교 때부터 시작해서 9년이 되어버렸다고도 해요. 주요한 이유는 여자애 같다, '기집애' 같다는 거였어요. '너는 말도 나긋나긋하게 하고, 운동도 안 하고, 여자애들하고만 논다'고 싫어한 거죠. 사람들은 아이들이 순수하고 천진난만하다고 하는데, 너무 순수해서 넘어서는 안 되는 폭력의 선을 모르기도 하는 것 같아요. 나중에 홍석천이 커밍아웃했을 때는 '기집애'가 '호모'가 되고, 하리수가 나오고 나서는 '트랜스젠더'가 됐죠. 놀랍게도 '트랜스젠더'라는 단어를 멸칭으로 썼어요. 그런 단어들을 질리게 들었어요.

그러다가 어느 날 우연히 도서관에서 『젠더에 갇힌 삶』이라는 책을 발견했어요. 책 제목에 질리게 듣던 '젠더'가 있으니까 관심이 갔던 거죠. 그런데 막상 읽어보니 그 책이 저를 옹호해 주는 것 같았어요. '젠더는 사회적 성별 체계와 같은 거고, 그건 인위적인 거기 때문에 꼭 규범에 따라야 하는 건 아니야'라는 거죠. 그때부터 페미니즘 책을 읽기 시작했어요.

이성애 중심주의와 성 역할이라는 게 결국은 가부장제가 있다면 필연적으로 생길 수밖에 없다는 걸 알게 됐죠. 가부장제가 지속되려면 일단 이성애가 필요하잖아요. 그리고 여성이 남성에게 의존해서 살 수밖에 없는 역할도 부여해야 하고요. 남성에게 순종적이거나 보조적인 역할들로요. 독립적으로 홀로 살거나 여성들끼리 살 수 없도록.

마돈나의 노래 'What It Feels Like for a Girl' 가사 중에 이런 내용이 나와요. '여자들은 청바지를 입고 머리를 짧게 자를 수 있어, 셔츠와 부츠를 입을 수도 있어, 남자처럼 되는 건 괜찮아, 하지만 남자들이 여자처럼 되는 건 치욕이야, 왜냐면 네 생각에 여자가 되는 건 열등한 거니까' 그 가사에 공감이 많이 됐어요. 남자애가 여자애처럼 구는 게 명예로운 일이었으면 안 괴롭혔겠죠. 여성과 여성성에 대해 차별하고 낮게 보는 문화가 있는 거예요. 그리고 그 문화와 제가 처한 곤경이 연결돼 있었어요.

"이성애 중심주의와 성 역할이라는 게 결국은 가부장제가 있다면 필연적으로 생길 수밖에 없다는 걸 알게 됐죠. 가부장제가 지속되려면 일단 이성애가 필요하잖아요. 그리고 여성이

남성에게 의존해서 살 수밖에 없는 역할도 부여해야 하고요. 남성에게 순종적이거나 보조적인 역할들로요."

퀴어라고 다 페미니스트는 아니고 그럴 이유도 없다고 생각해요. 누군가 소수자라고 해서 다른 소수자를 이해해야만 한다는 생각도 어쩌면 폭력일 수 있으니까요. 퀴어로서 페미니스트가 된다는 건 어떤 일이었나요?

현실이 그렇죠. 퀴어라고 다 퀴어 운동을 하지도 않고, 인권에 관심을 갖고 있지도 않아요. 누가 '무엇이기에 자연스럽게 어떤 주의자일 것이다'는 아닌 것 같아요. 근데 사람들은 놀라기도 하더라고요. "어떻게 여대 나왔는데 페미니스트가 아닐 수 있어"라는 식으로요.

그럴 때마다 저는 임금 노동하는데 마르크스주의자 아닌 건 문제 삼지 않으면서 왜 여대 나온 사람이 페미니스트 아닌 건 이상하게 보냐고 해요. 물론 누가 페미니스트라면 좋겠지만 어떤 경험과 정체성을 가지고 있다고 당연히 특정한 신념을 가지는 건 아니에요. 그랬으면

우리나라가 일단 사회주의 국가부터 됐어야죠. (웃음)

저 같은 경우에는 제가 겪는 일들을 스스로에게 설명하지 않으면 안 되겠다고 생각했던 것 같아요. 정치, 종교, 군대 등 사회의 여러 영역에서 성 소수자들은 혐오 받거나 배척되고 실제로 그걸 경험하게 되잖아요. 그런 일이 생겼을 때 그 경험의 의미가 무엇인지 스스로 규명하지 않으면 삶이 불가능한 것 같아요. 비인간적인 대우를 수긍하고 내면화한다면 어떻게 인간적인 삶을 살 수 있겠어요. 하지만 그들이 틀렸다고 생각해도 제대로 설명하기 위해서는 근거가 있어야겠죠.

페미니즘이 그 과정에 답을 줬어요. 세상에는 다양한 성적 지향과 성별 정체성이 있다는 것, 그중에 정상과 비정상은 없다는 것 모두 페미니즘 책들이 알려주었어요. 성별도, 그에 따라 요구되는 역할이나 정상적이라 판단되는 욕망도 모두 자연스러운 게 아니라고요. 동성애자로서 저는 스스로에게 '남들이 너에게 뭐라고 하고 어떻게 대하든 그건 사실도 아니고 옳지도 않다'라고 해명해야 할 경험들이 많았고, 그래서 성 소수자로서의 정체성과 페미니스트인 것이 자연스럽게 연결된 것 같아요.

WE WELCOME
ALL RACES ( ) [ ] { }
ALL RELIGIONS + - * / = < >
ALL COUNTRIES OF ORIGIN
ALL SEXUAL ORIENTATIONS
ALL GENDERS " " ' ' : ; ~
ALL ABILITIES % & @ # ? !
WE STAND WITH YOU
YOU ARE SAFE HERE

"누가 '무엇이기에 자연스럽게 어떤 주의자일 것이다'는 아닌 것 같아요. 근데 사람들은 놀라기도 하더라고요. "어떻게 여대 나왔는데 페미니스트가 아닐 수 있어"라는 식으로요. 그럴 때마다 저는 임금 노동하는데 마르크스주의자 아닌 건 문제 삼지 않으면서 왜 여대 나온 사람이 페미니스트 아닌 건 이상하게 보냐고 해요."

퀴어 세계 안에서만 지낼 수도 있겠다는 생각도 들어요. 같은 정체성을 가진 사람들끼리만 지내면 편할 수도 있으니까요.

특정 집단이 분리되어 나와 산다는 게 그리 건강한 삶은 아닌 것 같아요. 어떤 사람이든 서로 차별과 편견 없이 함께 지내는 게 사회성이잖아요. 모두가 연결되어 있는, 이 사회라는 자장에서 누구도 완전히 자유로울 수 없다면 그 안에서 잘 살아갈 수 있는 감각을 빨리 익히고 제시할 수 있어야 한다고 생각해요.

여성을 이해하고 공감하는 데 어려움은 없었나요?

없었어요. 상대방의 말을 신뢰하지 않을 이유가 없으니 딱히 공감이 안 될 것도 없는 거죠. 그리고 다른 사람을 완벽하게 이해할 수 있는 건 아니지만 유사한 경험으로 공통점을 찾을 수 있잖아요. 예를 들어 어떤 친구가 "나는 어렸을 때 운동을 너무 좋아했는데 여자애가 왜 경거망동하냐면서 집에서 못 하게 했어"라고 했어요. 그러면 저는 '내가 겪은 건 학교폭력이니까, 일단 학교를 벗어나면 자유로울 수 있었는데, 그 친구는 집에서 차별을 받으니 학교를 나와도 벗어날 수 없었겠구나, 그러면 더 고통스러웠겠다' 하는 생각이 드는 거죠.

오마이뉴스에 쓰신 글에서 슐라미스 파이어스톤의 『성의 변증법』에 나오는 "임신은 야만적이다"라는 이야기에 단번에 공감하시는 부분이 있어요. 조금은 신기하다는 생각도 했어요.

주변 사람들의 영향이 컸던 것 같아요. 친구들이 솔직하게 얘기해주지 않았다면 저도 몰랐을 거예요. 한번은 친구가 결혼해서 애 낳는 게 무섭다고 얘길 했어요. "아플까 봐 그래?" 물었더니 아픈 것도 아픈 거지만 척추나 장기가 영향을 많이 받고 몸이 많이 상한다고 하더라고요. 어떤 친구는 면도도 해야 되고 절개를 해야 할 수도 있다고 디테일한 것들을 다 얘기해줬어요. 그런 얘기들을 들으니까 단박에 이해가 되죠. 사실 지금보다 여성의 경험이 편하게 얘기되는 분위기가 필요한 것 같아요.

"지금보다 여성의 경험이 편하게 얘기 되는 분위기가 필요한 것 같아요."

페미니즘 이론에 있어서 특히 관심 갔던 분야가 있었나요?

굉장히 많죠. 고전들도 좋았고 권김현영 선생님, 권인숙 교수님 책도 좋았어요. 특히 정희진 선생님 책에 공감이 많이 됐던 것 같아요. 남성 중심적인 사회 속에서 여성이 타자의 자리에 있다는 걸 정확하게 드러내시잖아요. 그리고 저는 페미니스트 입장론에도 관심이 많이 갔어요. 장애인, 이주민, 성 소수자 등 다양한 소수자의 자리에서 세상도 이론도 어떻게 달리 보이는지 이야기하는 게 좋았어요. 무엇이 맞고, 무엇이 틀렸다는 게 아니라 사고의 벽이 무너지고 담론이 확장되는 지점이 좋았던 것 같아요. 그런 면에서 섹스, 섹슈얼리티, 젠더 경계를 허물어트리는 주디스 버틀러도 좋았고요.

반대로 성차의 중요성을 강조하는 학자들도 있는 것 같아요. 숙명여대 터프(TERF)*의 입장을 봤는데 완전히 이해가 안 되는 건 아니었어요. 몸이 표지라면 여성의 몸으로서의 경험과 남성의 몸으로서의 경험은 분명히 다른 부분이 있잖아요.

중요한 건 여성의 경험을 이야기하자고 할 때 정말 동일성을 전제하는가를 생각해야 하는 것 같아요. 한국으로만 좁혀도 연령, 사는 지역, 직업, 장애 유무, 성별 정체성과 성적 지향 등이 각기 다른 여성들이 존재하잖아요. 이들 사이에 얼마만큼의 동일성이 있고, 얼마만큼 차이가 있을까요? 완벽히 공통된 보편 여성의 경험을 말해야 한다고 주장한다면 누가 어디까지 말할 수 있을까요. 지금까지 페미니즘이 여성의 경험이 가시화되는 게 중요하다고 했던 건, 남성들이 여성의 경험을 무시하고 차별해 온 역사가 있기 때문이에요. 그런 억압에 맞서서 가려진 이야기를 보여주겠다는 거지 그게 여성이 단일하다는 뜻은 아니잖아요.

여성이 정치적으로 유의미한 집단인 이유는 사회가 여성과 남성을 구분하고 한쪽을 억압해왔기 때문이에요. 여성이 실제로 동일한 집단이어서가 아닌 거죠. 그 차이

---

*트랜스젠더 배제 급진 페미니즘(Trans-Exclusionary Radical Feminism).

를 혼동하는 거 아닌가 하는 생각이 들어요. 젠더 차별은 다양한 집단에 영향을 미쳐요. 흔히 트랜스젠더들에게 여성성을 과잉으로 수행한다는 말을 하기도 해요. 그런데 트랜스젠더 여성들의 경험을 살펴봤을 때, 사회가 규정하는 '여성성'을 표현하는 게 자기 욕망인 경우도 있지만 그렇게 하지 않으면 여성으로 패싱이 안 되기 때문인 경우도 많아요. 자신이 여성이라는 걸 사회에 설득해야 하는 데 방법이 하나로 정해져 있는 거죠. 똑같이 자유롭지가 않아요. 그런 면에서는 트랜스젠더 여성들도 같은 억압을 공유하고 있어요.

비슷한 맥락에서 '드랙drag'*에 대해 안 좋게 생각하는 분들도 있어요.

여성성을 희화화한다고 말하는 분들이 있죠. 사실 꾸밈 자체가 여성적인 것으로 굳어져 있어서 그래요. 그렇지 않은데… 잘 생각해보면 사람들은 드랙과 트랜스젠더를 헷갈려 해요. 트랜스젠더이면서 드랙일 수 있지만 드랙을 한다고 반드시 트랜스젠더는 아니에요. 남성으로서의 성별 정체성을 갖고 드랙을 하시는 분들도 있는 거죠. 그런데 시스젠더 남성이 너무나 완벽하게 '여성성'을

*사회적 성별에서 벗어나 자신을 꾸미는 행위.

수행할 수 있으면, 그건 사회가 규정한 '여성성'이라는 것 자체가 반드시 여성에게만 부착되어야 하는 게 아니란 걸 보여주는 거잖아요. 이 사람도 하고 저 사람도 할 수 있는 거면 누구만 하라고 강요할 이유가 없죠. 그렇게 강요된 '여성성'이 희화화되고 웃음거리가 될 때 규범은 아무것도 아니게 되지 않을까요? 규범이 너무 무시무시하고 강력하면 어떻게 싸우겠어요.

> "시스젠더 남성이 너무나 완벽하게 '여성성'을 수행할 수 있으면, 그건 사회가 규정한 '여성성'이라는 것 자체가 반드시 여성에게만 부착되어야 하는 게 아니란 걸 보여주는 거잖아요. 이 사람도 하고 저 사람도 할 수 있는 거면 누구만 하라고 강요할 이유가 없죠."

차별과 편견 속에서 살다 보면 고립돼서 절망에 빠지는 분들도 많은 것 같아요. 활동가님은 공동체 생활을 통해 잘 통과해나가신 것 같은데, 벗어나야겠다는 생각을 어떻게 할 수 있었나요?

어떤 때는 정말 비관적이었어요. 트라우마를 겪고 꽤 오랫동안 헤어 나오지 못했던 적도 있고요. 그때는 사람에 대한 기대도, 공동체에 대한 기대도 없었어요. 결과적으로는 단체 활동을 잘 시작한 것 같아요. 당시 상황을 돌아보면 저는 성평등한 세상이 정말 오지 않을 것 같았어요. 그런데 사람들이 다 같이 밝게 활동을 하고 있는 거죠. 그 사이에서 '어차피 세상은 망할 거야' 하고 있을 순 없잖아요. '저 사람들도 저렇게 하는데, 나도 할 수 있지 않을까' 생각했죠.

비관이라는 게 자신을 특별한 존재로 만드는 태도 같기도 해요. 고통스러운 상황 속에 빠져 있으면 나만 특별히 억울한 존재가 되니까요. 그리고 억울한 존재가 돼야만 그 속에 오래 머물 수 있고요. 하지만 다들 저마다의 어려움이 있더라고요. 페미니스트는 페미니스트 나름대로 힘든 부분이 있고, 성 소수자는 성 소수자 나름으로 고통이 있고… 누구는 치료를 받기도 하고, 누구는 죽다 살기도 해요. 주변 사람들이 자신의 겪은 고통을 털어놓을 때가 많았어요. 그걸 계속 보다 보니까 제 경험이 특별하다는 생각이 없어졌어요. 내가 겪은 경험을 신줏단지처럼 모시는 게 아니라, 그냥 툭 던져놓고 보게 되는 거죠. 여러 고통들 중 하나로요.

다른 사람의 고통을 오래 지켜보면 자신이 더 힘들기도 하잖아요. 지칠 때는 없었나요?

예전에는 영향을 많이 받았던 것 같아요. 한 해에 한두 번 정도는 부고가 있어요. 그래도 점점 자주 겪게 되면서 노하우가 생긴 것 같아요. 어떤 일이 터지든 저는 출근을 해야 하잖아요. 제가 멈춰버리면 아무도 해주지 않는 일들이 남아 있고요. 슬프고 힘이 들긴 하지만 그럼에도 불구하고 지금 내가 뭔가 해낼 수 있는 일이 있다면 그 일에 집중하는 편이 나아요. 회피한다기보다는 시간을 버는 거죠. 마음을 힘들게 하는 일을 마주하고도 괜찮은 상태일 수 있을 때까지요. 그런 식으로 견디는 것 같아요.

"제가 멈춰버리면 아무도 해주지 않는 일들이 남아 있고요. 슬프고 힘이 들긴 하지만 그럼에도 불구하고 지금 내가 뭔가 해낼 수 있는 일이 있다면 그 일에 집중하는 편이 나아요. 회피한다기보다는 시간을 버는 거죠."

활동하면서 가장 즐거웠던 때는 언제였나요?

너무 많아요. 가장 최근에는 낙태죄 헌법 불합치 결정 났을 때 정말 행복했어요. 판결 직후에 집회가 예정돼 있었어요. 무슨 집회가 될지 모르는 상황이었는데 생중계로 보다가 결과를 보고 다들 안국역으로 모인 거예요. 몇 년 간 여러 운동이나 집회에 참가했는데 이제 진짜 뭔가 이뤄진 거죠. 사람들 만나서 다 같이 껴안고 울다가 웃다가. 그때만큼 행복했던 기억도 많지 않았던 것 같아요.

퀴어문화축제 때도 항상 즐거웠어요. 집회나 행진하면서 우리가 혼자가 아니라는 걸 확인하게 되니까요. 해마다 3.8여성대회 때는 춤을 췄어요. 이게 사연이 있는데 민우회 활동가 친구가 여성대회에서 율동할 수 있는 회원들을 모집하고 있다고 해서 자원했거든요. 그런데 막상 가보니 안무팀 빼곤 저밖에 없더라고요. 그때 이후로 여성대회 때마다 담당 활동가분이 연락을 하세요.(웃음) 처음에는 낯설었는데 지금은 없으면 허전하고 너무나 행복한 기억이에요. 같이 무대에 올라가서 춤추고, 목소리 내고 하는 과정들이 정말 다 행복하고 좋은 기억으로 남아 있어요.

유튜브 채널 '큐플래닛'은 어떻게 시작됐나요?

재단에서 일을 시작할 때 유튜브를 하게 될지는 몰랐어요. 그런데 일을 시작하고 담당자가 돼 버렸죠. 처음에는 캠페인 영상 몇 개 제작하자는 정도로 이야기가 나왔다가 일이 좀 커졌어요. 왜냐하면 안티페미니즘이나 성 소수자 혐오 콘텐츠를 올리는 분들이 온라인 사이트나 블로그에서 활동하다가 유튜브로 많이 갔거든요. 그래서 검색창에 동성애나 트랜스젠더라는 단어를 치기만 해도 가짜 뉴스나 혐오 콘텐츠가 떴어요. 지속적으로 차별에 반대하고 혐오를 비판하는 채널도 있어야 하지 않을까 생각하게 됐어요. 그래서 주기적으로 콘텐츠를 전할 수 있는 채널을 만들게 된 거죠. 당사자들뿐만 아니라 좀 더 광범위한 대중들을 대상으로 접근하고 싶었어요. 이왕이면 많은 사람이 즐길 수 있으면 좋으니까요.

활동가님은 주로 어떤 역할을 담당하고 있나요?

채널 운영과 프로그램 기획을 담당하고 있고, 사회자로 출연하고 있어요.

기획의 방향성이 있다면 무엇인가요?

초창기에는 성 소수자가 누구인지 제대로 보여주는 것에 집중했어요. 성 소수자의 삶이나 관련된 뉴스를 전하거나 고민을 상담하는 콘텐츠들이 많았죠. 그런데 몇 년 하다 보니 매너리즘에 빠지는 거 아닐까 하는 불안이 생겼어요. 그러면서 퀴어가 만든다고 퀴어한 것만 보여주는 것도 고정관념일 것 같다는 생각에 다양한 걸 다루기 시작했어요. 예를 들어 성 소수자와 관련된 정치적 문제도 많잖아요. 차별금지법도, 군 내 동성애 처벌 조항도 정치의 문제죠. 성 소수자는 분명 정치적인 존재인데 사람들은 둘을 잘 연결시키지 못해요. 그래서 권김현영, 손희정 선생님이 출연하는 페미니스트+퀴어 시사정치 토크쇼 '권손징악'을 만들었어요. '아찔한 무지개' 같은 경우에는 성 소수자인 우리에게 세상이 어떻게 보이는지, 사람들이 전혀 퀴어하지 않다고 생각하는 분야도 얼마나 다르게 받아들여지는지 말하고자 시작한 프로그램이고요. 최근에 브로맨스 편을 만들 때는 우리가 문화적으로 소비하는 브로맨스가 위장된 동성애라는 생각으로 접근했어요. 세상엔 생각보다 다양한 퀴어 이야기가 있는 거죠.

브로맨스 편 너무 재밌게 봤어요. (웃음)

저는 촬영하면서 행복했고요.(웃음)

자료 영상들이 너무 절묘하고 잘 찍은 영상들이었던 것 같아요.

사실 더 많았는데 편집자가 평소보다 자료 서치를 너무 많이 해온 거 아니냐면서 줄여버렸어요.(웃음) 영상 늘어지는데 님만 좋아하고 있는 거 같다고….

브로맨스가 남성 사회에서 유일하게 허용된 동성애 같다는 생각도 들었어요.

호모소설은 괜찮지만 호모섹슈얼은 안 되는 거죠. 이성애 중심의 소위 '정상가족'이 계속 재생산되려면 모두가 이성애를 하고 동성애는 하면 안 될 테니까요. 그래서 남자들 사이에서 동성애 금기가 강력하다는 분석도 있어요. 사회적 차원에서 남자들에게 내재시킨 거부감이나 공포가 있는 거죠. 동성애를 남성성의 탈락으로 보고 거부하는 거예요. 사람들은 동성애자 개개인이 어떤 성격을 갖고 있건 간에 '여성적 존재'로 만들어 버리잖아요. 그렇지 않으면 남성성을 뺏어갈지 모르는 약탈자나 침략자가 되고요. 남자들은 게이들을 혐오하지만 동시에 두려워해요. 그래서 이상한 괴담이나 만들고.

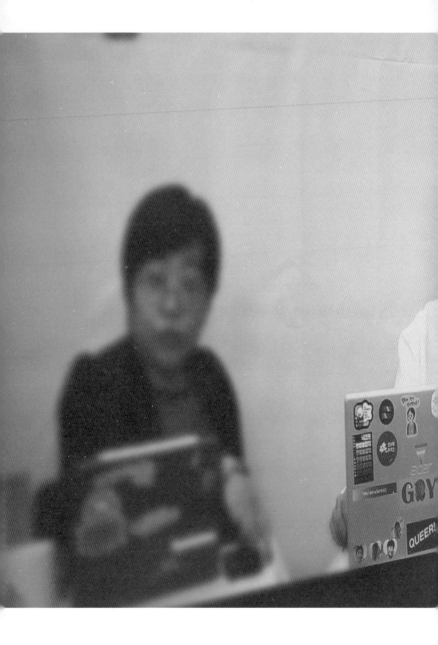

"호모소셜은 괜찮지만 호모섹슈얼은 안 되는 거죠. 이성애 중심의 소위 '정상가족'이 계속 재생산되려면 모두가 이성애를 하고 동성애는 하면 안 될 테니까요. 그래서 남자들 사이에서 동성애 금기가 강력하다는 분석도 있어요."

남성성의 지표를 갖고 있지 않은 건 사회적으로 굉장히 무서운 일이긴 한 것 같아요. 사회적 지위나 소유, 정상연애 그밖에 위계질서의 우위에 있는 것을 좋은 남성성으로 평가하고 그렇지 못하면 실패로 간주하잖아요.

최근 남자들이 분노하는 게 그런 이유 때문인 거 같아요. 남성으로서 가질 수 있었던 기득권이 남성성의 상징과도 같았는데 이제는 그걸 가지기가 쉽지 않게 되었잖아요. 하지만 이상적인 남성상이란 정말 이상에 불과한 거 같아요. 극히 일부를 제외하면 성취할 수 없는 욕망이에요.

가령 경제가 호황일 때는 남자라는 이유만으로 쉽게 일자리도 얻고 승진도 하는 게 가능했겠죠. 하지만 지금은 아니에요. 안정적이고 좋은 지위를 얻기는 더 힘들어지고 있어요. 관계도 마찬가지고요. 이전에는 굉장히 양식화되어있는 정상연애나 정상가족 관계를 맺기가 쉬웠는데, 이제는 그게 잘 작동하지 않죠. 시대도 사람도 변했어요. 점점 더 많은 여성이 불평등을 감수하면서 그 관계를 맺으려고 하지 않거든요. 일방적인 돌봄이나 감정 노동 안 하겠다는 거예요. 이런 상황에서 연애나 결혼을 굳이 하고 싶다면 관계의 성격이 바뀌고 남자들도 변해야 해요. 남성성의 내용이 달라져야 하는데 그러려면 성별에 대한 인식도 달라지고 성 역할도 해체돼야겠죠. 사회도 사람도 달라지지 않는 이상 남자들의 불안과 분노도 결코 끝나지 않을 거예요. 이걸 정확하게 지적하고 남성들을 그룹화할 수 있는 누군가가 등장했으면 좋겠어요. 그러면 여론이나 사회 운동이 급반전될 수도 있지 않을까 생각해요.

그룹화한다는 건 어떤 뜻인가요?

이상적인 남성상이 허구라는 걸 인식하고 지금의 성 역할과 젠더 체계를 무너뜨릴 수 있는 정치적 정체성을 만드는 거겠죠. 사회가 이야기하는 이상적인 남성성 모델이라는 건 자연적인 욕망이 아니라 사회적으로 구성돼 온 건데, 전혀 추구가 불가능한 사회를 만들어 놓고 모두에게 강요하고 있어요. 결국 남자들도 기득권에 속고 있는 거죠. 그러면 '따지고 보니 지금의 세상에서 '남자답게' 산다는 게 우리도 괴롭다, 사회를 한번 바꿔보자' 이런 주장이 나와야죠. 진정한 의미에서 남성 운동이 있다면 그런 방향일 거라고 생각해요.

> **"사회가 이야기하는 이상적인 남성성 모델이라는 건 자연적인 욕망이 아니라 사회적으로 구성돼 온 건데, 전혀 추구가 불가능한 사회를 만들어 놓고 모두에게 강요하고 있어요. 결국 남자들도 기득권에 속고 있는 거죠."**

실현 가능할까요?

쉽지 않을 거라고 생각해요. 남자들이 자신들의 위치에서 거리를 두고 현실을 파악해야 하는데 그게 쉬운 일은 아니니까요. 실제로 대부분의 남자들은 못 가진 것들에 대해서 분노하기만 하죠. 스스로를 인셀involuntary celibate*이라 부르며 자조하는 것도 그래요. 자조는 하지만 이유를 찾으려고 하지 않아요. 자기도 원인 중 하나라는 생각을 못 해요. 그나마 페미니즘이 지금의 현실에 대해 정확한 분석을 하고 있지만 받아들이지 못하고 있고요. 일단 한국 남자들은 페미니스트들을 너무 싫어하잖아요.

그러면 정치인이든 학자든 간에 지금 남자들이 신뢰를 보내고 이들이라도 변화의 방향을 제시해줘야 하는데 안 하겠죠. 필요한 말이 아니라 듣고 싶은 말을 해줘서 남자들의 지지를 받았고 그 힘을 놓기는 싫을 테니까요. 남자들의 분노를 마음대로 이용할 수 있으니까 제대로 된 리더 역할을 하지 않을 거예요. 많은 정치인들이 '이대남'의 대변인을 자처하며 페미니즘 백래시에 편승했던 것처럼요. 시간이 많이 걸릴 것 같네요.

상황을 바꿀 수 없다는 무력감이 생길 때도 있는 것 같아요. 서구에서 이미 오랫동안 이야기를 해왔는데 크게 변한 것이 없다는 생각도 들고요.

어떻게 보면 당연한 일일 수도 있어요. 몇천 년 동안 이어져 온 남성 중심적이고 성차별적인 문화가 쉽게 바뀔

*비자발적 독신주의자.

수는 없잖아요. 모든 제도나 법이 그걸 바탕으로 구성돼 있기도 하고요. 역사를 보면 시간이 흐른다고 꼭 좋게 변하는 것도 아닌 것 같아요. 서구에서는 역사를 선형적으로 가정해왔지만 어쩌면 원형적일 수도 있다고 하잖아요. 어떤 문제는 오랜 시간 전혀 해결이 안 되고 있고, 어떤 문제는 해결이 됐다가도 다른 곳에서 다시 발생해요. 그렇게 쉽게 해결이 될 거였으면 이미 끝났겠죠. 지난 몇십 년간 걸출한 사람들이 얼마나 많았어요. 천재적이고 똑똑한 여성 운동가들이 얼마나 많았어요. 그들 중 성평등한 세상을 못 보고 이미 죽은 사람도 있잖아요. 그런데 내가 세상이 빨리 변화하지 않는다고 무력감을 느끼는 건 사실 오만한 게 아닌지 일부러 계속 생각해요. 실천이 변화를 이끌어야만 의미가 있다고 생각하지 않으려고요. 행동하고 염원하는 것 자체도 의미 있는 일이에요.

"어떤 문제는 오랜 시간 전혀 해결이 안 되고 있고, 어떤 문제는 해결이 됐다가도 다른 곳에서 다시 발생해요."

신필규 297

지금 상황에서 남성들은 무엇을 해야 할까요?

어떤 면에서 자신이 페미니스트라고 말하는 남자가 늘어나는 게 그렇게까지 중요한 일은 아닌 것 같아요. 물론 좋은 일이지만, 선언이 곧 완성이라고 생각할 수 있으니까요. 오히려 너무 완벽하게 차별이나 혐오 없이, 성평등을 체화해서 살아가는 사람이 있다고 해봐요. 그 사람이 스스로 페미니스트가 아니라고 해도 그건 중요하지 않은 거예요. 이미 좋은 사람으로 살아가고 있으니까요.

중요한 건 남자들이 동등한 동료 시민으로서 여성을 대하는 경험을 쌓는 일인 것 같아요. 의외로 남성들이 여성과 성별과는 무관한 동료 관계를 맺어본 경험이 별로 없어요. 그래서 본인들은 차별하지 않는다고 믿고 있지만 이미 주입된 습관이 있기 때문에 여성을 다르게 대하고 있는 거죠. 예를 들어 집단에서 일을 분배할 때 가장 효율적인 방식은 그냥 각자의 능력에 특화된 일을 주는 거예요. 하지만 여자에게 혹은 남자에게 그런 일을 어떻게 시키느냐는 말이 나올 때가 있죠. 근데 따지고 보면 성 역할 수행하려고 회사에 모인 거 아니잖아요. 동료를 성적 대상으로 보고 성추행을 하는 것도 같은 맥락이에요. 여성이 왜 회사에서 성적인 존재여야 하나요. 이런 상황이 변화하기 위해선 남성 개개인들이 많이 달라져야 해요. 그리고 동시에 우리 사회가 함께 여러 조직과 공간, 관계를 어떻게 재구성할 것인가를 고민해봐야 한다고 생각해요.

그래서 다양성이 인정받을 수 있는 공동체가 많아졌으면 좋겠어요.

대안 공동체라고들 하죠. 그런데 꼭 대안이라는 이름을 붙일 필요는 없는 거 같아요.

어째서인가요?

특별히 새로운 가치를 지향하는 게 아니라 기본적인 원칙들을 이제야 지키려고 하는 공동체잖아요. 공동체가 원래 보였어야 할 본연의 모습을 가지고 있는 거라고 생각해요. 새로운 원칙이나 패러다임이 등장하는 게 나쁜 건 아닌데, 가끔 사람들은 과거의 담론이 낡고 소용이 없다고 너무 쉽게 생각하는 거 같아요. 그런데 저는 사람들이 시효가 지났다고 하는 기본적인 원칙과 가치들이 제대로 지켜진 적이 없다고 생각해요. '무슨 주의도 무슨 원칙도 하자는 대로 해봤는데 소용이 없더라' 하고 성급하게 말하지만 사실 실현이 된 적이 없었던 거예요. 특히나 여성, 성 소수자, 장애인 등 사회적 소수자의 입장에서 보면 하나도 안 됐어요. 기본적인 가치들을 위해 우리가 정말 노력했는지 점검하는 시도도 필요한 것 같아요.

"사람들이 시효가 지났다고 하는 기본적인 원칙과 가치들이 제대로 지켜진 적이 없다고 생각해요. '무슨 주의도 무슨 원칙도 하자는 대로 해봤는데 소용이 없더라' 하고 성급하게 말하지만 사실 실현이 된 적이 없었던 거예요. 특히나 여성, 성 소수자, 장애인 등 사회적 소수자의 입장에서 보면 하나도 안 됐어요."

어떻게 시도해볼 수 있을까요?

이미 쓸 수 있는 수단은 많아요. 분야별로 다양한 시민 단체에서 조직 문화 점검을 위한 여러 가지 프로그램을

만들어왔어요. 계속 업데이트도 되고 있고요. 이런 진단 프로그램들이 좋은 시도 정도로 묻히지 않고 대중적으로 활용될 수 있도록 노력해야죠. 가치를 아는 사람들이 잊지 않고 생각날 때마다 여기저기 추천을 하는 게 필요하다고 생각해요.

앞으로 이루고 싶은 목표가 있나요?

추구하는 지향을 잃지 않고 하루하루 성실하게 주어진 일을 해나가고 싶어요. 흔들릴 때도 있겠지만 제 자리를 이탈하지 않고 단단히 버티고 싶어요. 많은 이들이 불안정한 시기에 그게 정말 필요한 일이더라고요. 일도 열심히 하고 글도 계속해서 쓰고 싶은데 그게 계속해서 사람들에게 힘을 줄 수 있으면 좋겠어요. 예전에는 날이 선 글을 많이 썼고 물론 지금도 그럴 때가 있는데, 점점 '나까지 그래야 할까? 따지고 보면 세상에 작정하고 악한 마음을 먹고 나빠지려는 사람보다 어쩌다 보니 그렇게 된 이들이 많을 텐데' 하는 생각이 들더군요. 사람에게서도 세상에서도 아름답고 가치 있는 것들을 더 찾고 싶고 그걸 지키고 싶어요. 삶에 괴로운 순간이 많겠지만 틈틈이 행복을 느낄 수 있는 씨앗들을 세상에 심고 싶네요.

개인적인 목표가 있다면 언젠가 반드시 근사한 코미디를 만들고 싶어요. 영상의 형태로든 글로 쓰든 어떤 방식으로든요. 가끔 억울한 게 저 웃긴 거 진짜 좋아하는 사람이거든요. 혼자 있으면 미국 SNL도 엄청 보고 스탠드업 코미디부터 유튜브에 올라온 아마추어 코미디 스케치까지 가리지 않고 봐요. 근데 다들 제가 되게 진지한 사람인 줄 알아요. 저는 코미디를 너무 사랑하고 웃음이 주는 힘을 믿어요. 좋은 유머에는 깊은 통찰력이 담겨 있어요. 아무리 심각한 상황 앞에서도 여유를 잃지 않는 담대함도 있죠. 그래서 재능 있는 코미디언들은 사람들이 용기를 가지게 만들어요. 현실에 짓눌리거나 절망하지 않고 웃음으로 승화하죠. 아무리 냉소적으로 보이는 코미디언일지라도 그들의 유머 밑에는 인간에 대한 애정이 깔려 있어요. 그런 코미디를 써볼 수 있다면 좋겠어요.

07

신필식

목소리를
찾는 일

신필식

여성역사공유공간 서울여담재 연구위원
입양연대회의 사무국장
논문 「한국 해외입양과 친생모 모성, 1966~1992」(박사), 「환경농업 도입지역
여성농업인의 농업 양상과 성평등 의식 변화에 관한 성 분석 (gender analysis)
및 생태여성주의적 분석 : 충청남도 홍성군 홍동면 사례로」(석사)

스스로 페미니스트라고 생각하나요?

네, 페미니스트라고 생각합니다. 처음에는 페미니스트를 지지하는 남성이라고 이야기했었는데, 그 경계는 넘은 것 같아요.

경계는 어떻게 넘을 수 있었나요? 그리고 그 지점은 무엇인가요?

페미니즘은 여성과 관련된 것이고 계속 여성이 이끌어 왔어요. 갑자기 몇몇 남성이 참여해서 누구나 하는 일이 되어 버리면 여성들 사이에서 지금까지 어렵게 만들고 지켜왔던 연대를 침해하게 되는 게 아닌가 하는 걱정이 있었어요. 그런데 지지하는 남성 몇 명이 들어왔다고 해서 여성 연대로서의 페미니즘이 아닌 것이 되는 건 아니라는 생각이 들었어요. 그리고 페미니즘이 '여성이 하는 운동'인 것이 아니라 '여성을 위한 운동'이라고 한다면 '누가 할 수 있는지'라는 자격 조건보다는 '누구나 해야 한다'는 당위가 더 중요한 것 같았어요. 스스로 그렇게 정의를 내리고 '페미니즘의 가치를 지지하고 함께하는 사람으로서 페미니스트가 될 수 있겠다'는 생각을 했어요. 그렇게 '여성을 위한 운동'이라고 스스로 정의를 했지만, 나중에는 남성에게도 분명히 이로운 것이라고 확신하게 됐죠.

어떤 점에서 남성에게도 좋을까요?

페미니즘을 여성만을 위하는 것이라고 이분법적으로 생각하면 자칫 남녀관계도 제로섬 게임처럼 여기기 쉬워요. 누구에게 더 주면 누구는 빼앗기거나 불리해지는 거라는 생각이죠. 그런데 사회의 분위기를 공기라고 한다면, 여성에게 좋은 공기는 여성에게만 좋은 게 아니라 남성에게도 좋아요. 어떤 관계든 한쪽을 착취하는 관계는 다른 한쪽에도 대부분 이롭지 않아요. 오히려 남성에게도 자기 자신의 모습을 되돌아보고 바뀌어 갈 수 있는 기회를 주기 때문에 도움이 돼요.

일종의 거울이라고 할 수 있죠. 타인의 시선을 통해서 자신을 바라보고, 자신의 관계와 일상이 온전한지 확인하는 거예요. 화장을 하는데 아무것도 보지 않고 하면 제대로 할 수 없고 불안하겠죠. 무언가 확인할 수 있는 수단이 있다면 자신의 모습도 더 좋아질 수 있어요. 그래서 페미니즘은 모두에게 도움이 되는 사상이자 기준이라고 생각해요.

구체적으로 어떻게 도움이 될까요?

다양한 관점을 제공하는 거죠. 지금까지는 가부장적인 관점이 지배해왔어요. 단 하나의 관점에서 바라보면 분명 놓치는 것들이 있어요. 페미니즘은 그런 맹점을 줄여줄 수 있어요. 그런데 대부분의 남성이 페미니즘을 어떤 완결된 하나의 주장으로 이해하는 경향이 있는 것 같아요. 페미니즘은 어떤 상황이나 관계를 어떻게 바라보고 규정할 것인지에 대해서 알려주는 학문이에요. 하나의 주장 그리고 대립하는 주장 양극단의 시야에 사로잡혀 있는 것이 아니라, 서로를 비춰주면서 사이를 볼 수 있게 해주죠.

그랬을 때 양쪽의 간극 사이에서 새로운 방법을 찾을 수 있어요. 우리가 무엇을 기준으로 생각하고 말해야 하는지, 어떤 제도와 체계를 갖춰야 하는지 다시 생각해볼 수 있는 거예요. 그래서 페미니즘은 완결된 그림이라기보다 세상을 보는 렌즈에 가까워요. 현미경이나 망원경이기도 하고요. 그전에는 보지 못했고 이해할 수 없었던 것을 볼 수 있게 하고 해석할 관점을 제공해주니까요.

"페미니즘은 어떤 상황이나 관계를 어떻게 바라보고 규정할 것인지에 대해서 알려주는 학문이에요. 하나의 주장 그리고 대립하는 주장 양극단의 시야에 사로잡혀 있는 것이 아니라, 서로를 비춰주면서 사이를 볼 수 있게 해주죠."

위원님에게는 어떤 변화가 있었나요?

저는 지금 두 아이의 아버지인데, 첫째 아이가 아주 어렸을 때 페미니스트가 됐어요. 그전에는 안 보이던 게 보이기 시작하더라고요. 예를 들어 스스로 집안일을 웬만큼 한다고 생각했는데, 실제로는 너무 안 하고 있었어요. 그래서 노력하기로 했어요. 그런데도 잘 안 됐어요. 설거지의 경우에 자주 핑계를 대며 아내에게 맡기고 있더라고요. 그래서 '하지 말고 뒤달라고, 내가 다른 일 다 하고 하겠다'라고도 했죠. 그렇게 제가 무의식적으로 회피해오던 여러 행동을 의도적으로 직면하는 기회를 조금씩 늘려갔어요.

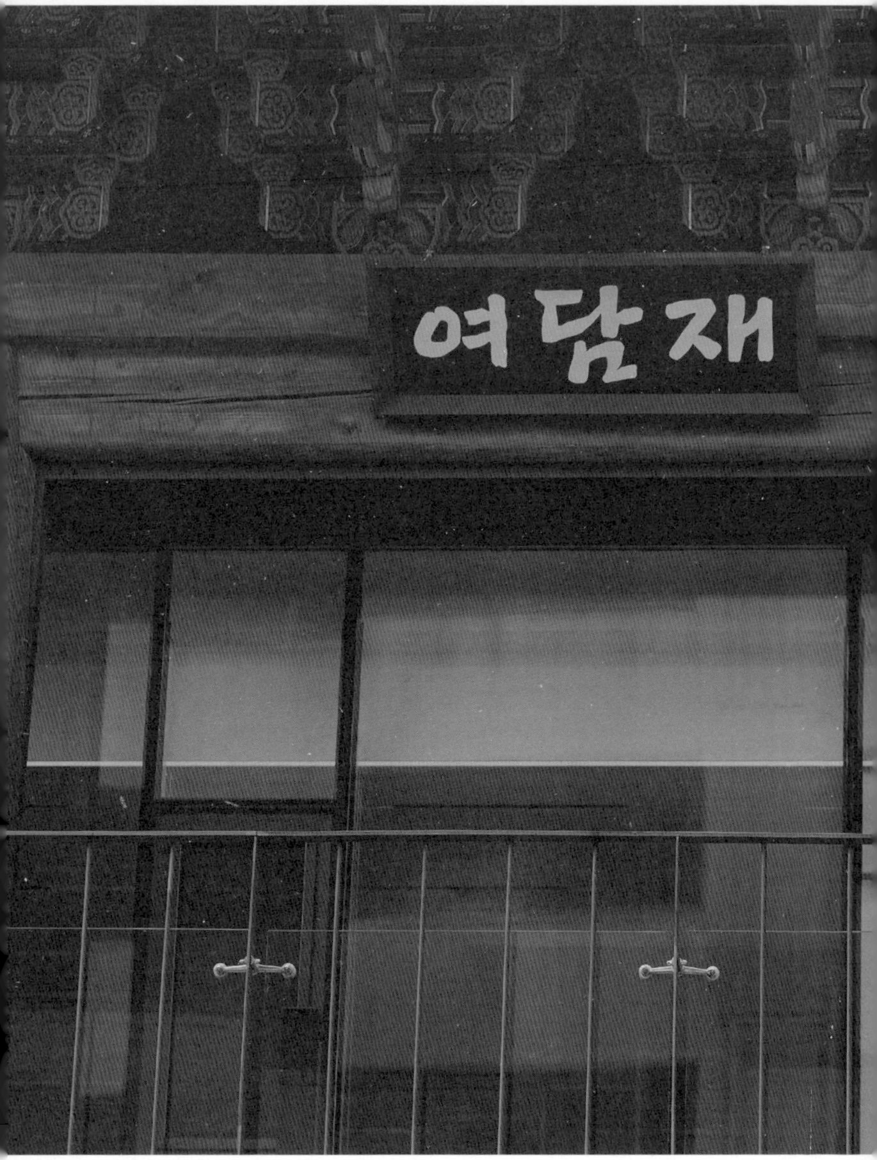
여담재

처음엔 시행착오도 많이 하고 부족한 부분에 대해서 지적이나 핀잔을 들을 때도 있었어요. 그럴 때는 저도 감정적으로 반응하기도 했고요. 점점 실력이 늘고 집안일이 공동의 일이라는 인식이 잡혀가면서 책임감이 생기기 시작했어요. 그러다 보니 갈등이 생길 일도 줄어들었죠. 나중에는 식구들의 핀잔과 놀림까지도 웃으면서 받아들일 수 있는 정도가 됐어요. 사람이 바뀌려면 단순히 다른 행동을 훈련한다고 되는 게 아닌 것 같아요. 생각이 먼저 열리거나 변화해야 가능한 것 같아요. 인식이 바뀌고, 안 보이던 게 보이고 그러고 나서 끊임없이 부족한 자기 모습을 받아들이고 바꿔나가야 행동의 변화로까지 이어지는 것 같아요.

갈등이 생겼을 때는 어떻게 해결했나요?

나름대로 열심히 하려고 하는데도 불구하고 "충분히 평등하게 분담해주지 않는다"는 말을 들었을 때는 상처가 됐었어요. 그럴 때마다 항상 '지금까지 해온 것보다 더 노력해서 나아지는 사람이 되겠다'고 저 자신을 위로하고 가족들에게도 그렇게 말하곤 했어요. 그러다 보니 조금씩 마음이 편해지고 부담이 되기보다는 배려하면서

도와줄 수 있는 관계가 된 것 같아요. 서로 일을 미루려고 하는 긴장 상태에 있는 게 아니라 공동의 일을 함께 하는 시간이자 문화로 만들어 낸 거죠.

평등이라는 게 계산상으로 반반을 나누는 게 아니잖아요. 각자 자기가 할 수 있는 걸 최대한 노력해서 하고, 어떤 면에서는 받아들이고 상황에 맞춰가는 거죠. 이제 아이들도 "엄마, 아빠 바쁘니까 우리가 할게요" 하면서 도와주기도 해요. 부모가 서로 따지면서 일을 나눴으면 아이들도 미루고 싫어했을 텐데, 감사하게도 저희 가족 안에서는 서로 배려하려는 분위기가 생긴 것 같아요. 그게 가능했던 이유를 저는 여성학을 공부했기 때문이라고 생각해요. 다른 남성들은 소득이라거나 지위라거나 바깥일을 중요하게 생각하고 거기에 대해 말을 많이 해요. 그런데 여성학에서는 '관계와 일상'이 전혀 사소한 것이 아니고 너무 중요하고 소중한 거라고 말하잖아요. '너는 이해를 잘 못 할 수 있겠지만 중요한 거야'라는 페미니즘의 메시지를 믿었고 계속해서 방법들을 알아가고 시도하다 보니 훨씬 더 행복해진 것 같아요.

그러고 보니 남성들이 집안일을 싫어하고 화를 내는 건 공동의

일이라는 인식이 없어서 그런 것 같아요. 기본적으로 '너의 일인데 내가 해주는 거다'는 생각이 있는 거죠.

남성들이 집안일을 전보다 더 한다고 하는데도 여성이 화를 내게 되는 경우가 바로 그 이유 때문인 것 같아요. '같이' 해야 하는 일인데 여성이 할 일을 남성은 '도와'준다고 생각해요. 남성 입장에서는 자신은 나름대로 노력하고 있는 건데 여성은 오히려 더 화를 내니 이해가 안 되죠. 여성 입장에서는 당연히 함께 해야 하는 일이니까 도와주는 정도로는 충분치 않고요. 또 당연한 일에 대해 고마워해야 하는 입장이 되는 것도 달갑지 않아요.

그래서 인식이 정말 중요하다는 생각을 해요. 이 일이 '누구의 몫'인가에 대한 규정부터가 잘못돼 있으면 행동으로 나아갈 수 없으니까요. 규정이라는 건 역사와 시대 그리고 사람들 간의 상호관계 안에서 형성되고 구성된 건데, 어떻게 성별 체계와 성별 불평등이 만들어졌는지 그 과정을 알지 못한 채로 행동에 나서면 실천이 어려워져요. 여성들이 어떤 차별을 받아왔으며, 어떤 노력을 해왔고, 아직도 어떤 억압을 받고 있는지에 대한 페미니즘의 연구들과 발견을 알게 되면, 그때 여성과 남성 그리고 다양한 사람들이 서로 간의 입장 차이와 입장의 거리를 확인할 수 있게 되는 거죠. 그런 인식에서부터 시작해야 해요. 무조건 '여성을 도와야 한다'는 구호 같은, 누군가가 맥락 없는 일방적인 정답을 내놓고 그대로 따라 한다고 해서 해결될 수는 없는 거죠. 지금 연구자의 몫이 있다면 바로 그런 인식의 렌즈를 많은 사람에게 제공하는 일인 것 같아요.

"인식이 정말 중요하다는 생각을 해요. 이 일이 '누구의 몫'인가에 대한 규정부터가 잘못돼 있으면 행동으로 나아갈 수 없으니까요. 규정이라는 건 역사와 시대 그리고 사람들 간의 상호관계 안에서 형성되고 구성된 건데, 어떻게 성별 체계와 성별 불평등이 만들어졌는지 그 과정을 알지 못한 채로 행동에 나서면 실천이 어려워져요."

현시점에서 가장 필요한 렌즈가 있다면 무엇일까요?

남성들이 자신과 자기 주위와의 관계에 대해 더 넓은 시

야를 가지면 좋겠어요. 백래시와 같은 저항을 하는 것도 일면 이해가 돼요. 남성들이 전에는 하지 않던 행동을 하기 시작했어요. 본인들은 나름 잘한다고 생각하는데 여성은 만족하지 못하는 것처럼 보여요. 오히려 관계가 불편해지니까 '나 안 할래' 하게 되는 거죠. 그런 남성들의 포기는 대화의 실패이고, 협상의 결렬이기도 하지만 결과적으로 본인들에게 중요한 기회까지 잃게 만든다고 봐요. 여성을 위하는 일 그리고 페미니즘은 관계를 좋게 하는 일이기도 하잖아요. 자신의 삶에서 중요한 관계들을 포기하는 게 좋은 방향은 아닌 거죠.

페미니즘을 실천하는 건 건강을 위해서 헬스장이나 요가 수업을 듣는 것과 닮았어요. 지금 나의 몸과 자세가 잘못돼 있으면 운동을 해서 바로 잡아야 하는 거잖아요. 처음에는 몸이 따라주지 않거나 힘들 때가 있겠지만 운동을 하면 좀 더 나은 몸 상태가 되겠죠. 그런 마인드로 여성주의를 생각해야 해요. '당장 배워나가는 건 어려울 수 있지만 결국 나에게 이로운 거다'라는 거죠. 하지만 지금은 바꾸어야 할 부분을 힘들다고 해서 애초에 포기하고, 계속 같은 자리에 머무르고 있는 상황인 것 같아요.

지금의 남성들은 더 적극적으로 페미니즘에 대한 피해를 주장하고 공격하는 것 같아 보이기도 해요.

지금 청년 남성들이 처한 상황에 대해서는 좀 더 귀를 기울이고 다 함께 고민해야 할 것 같아요. 불리함을 이야기한다면 남성만 불리한가에 대해서도 생각해봐야 하고요. 하지만 남성들의 어떤 어려움이 '여성들 때문이다'라고 한다면 그건 적합하지 않다고 생각해요. 또 여성들이 정말 남성들을 공격하고 있는지에 대한 것도 살펴봐야 할 문제죠. 몇 년 전에 잠시 존재했던 '메갈리아'라는 커뮤니티를 끊임없이 이야기하고 있잖아요. 그런 백래시의 프레임이 지속되고 있는 거고요. 피해를 받았다면 자신들이 여성에게 받은 피해가 무엇인지 확인해야 해요. 근데 그런 과정 없이 남성들이 넘겨짚는 상황인 것 같아요.

현재 일부 남성들이 보여주는 '너희들이 나를 먼저 공격하잖아, 그러니까 나도 너희를 공격할 수 있어'라는 태도는 사실 강자들이 하는 말에서 많이 나타나는 패턴이거든요. '예전부터 참아주고 견뎌왔지만, 이제 상대방이 작은 돌멩이 하나를 날리니까 자신도 공격해도 된다. 서로 같아졌다'는 거죠. 그리고 그걸 상대를 공격하고 혐오

해도 된다는 명분으로 삼는 것 같고요. 그런 자기합리화는 대부분 성립하지 않는다고 생각해요.

그리고 사회가 청년의 문제를 책임지지 않고 은폐하기 위해서 젠더 이슈를 악용하는 면이 있어요. 문제를 살필 것도 없이 여성과 남성의 싸움으로 끝이 나버리면 외부에는 전혀 유탄이 튀지 않으니까요. 사회가 충분히 고민하지 않는 거예요. 남성들은 자신의 어려움을 남성 전체의 문제로 확대하고 그 원인을 여성의 몫으로 돌리게 되고요. 이렇게 계속되면 청년의 문제를 대변할 수 없는 상황이 되겠죠. 청년 세대의 젠더 갈등은 협력과 변화 요구를 더디게 만들 거예요. 또 다른 불리함을 겪고 있는 내부 다양한 사람들의 목소리도 들릴 수 없게 할 거고요.

소수자나 사회적 약자의 권리에 대한 중요한 현안들을 피해 가는 아주 비민주적이고 나쁜 선례가 될 것 같아서 너무 걱정이 돼요. 성별뿐만 아니라 우리 사회에는 여러 층위가 있잖아요. 복잡하게 교차적으로 얽혀 있죠. 여성 내에서도 유리한 위치가 있고 남성 내에서도 조금 더 불리한 위치가 있는데 왜 '취업을 잘하는 여성'과 '취업을 못 하는 남성'이 매칭이 되어서 비교가 되어야 하느냐…
취업도 안 되고 여러 가지로 열악한 여성들의 목소리가
사라진다면 그렇게 돼서는 안 된다는 거죠. 각자의 위
치에서 또 다양한 시각에서 전체가 다 균형 있게 논의가
되어야 해요. 그래서 성별, 계층, 나이, 국적, 장애 등이
어떻게 특정 상황에 복합적이고 교차적으로 영향을 주
게 되는지에 주목하는 교차성intersectionality 개념이
점점 더 중요해지고 있다는 생각을 하고 있고요.

"성별뿐만 아니라 우리 사회에는 여러 층위가
있잖아요. 복잡하게 교차적으로 얽혀 있죠. 여
성 내에서도 유리한 위치가 있고 남성 내에서
도 조금 더 불리한 위치가 있는데 왜 '취업을
잘하는 여성'과 '취업을 못 하는 남성'이 매칭
이 되어서 비교가 되어야 하느냐…"

남성중에 약자의 위치에 있는 사람이 있다면 이 사회의 약자라
고 자신을 표현하기보다 '피해받는 남성'으로서 정체화하고 싶
어 하지 않을까요? 어쨌든 개인의 입장에서는 '남성'으로서의

정체성을 갖고 있는 게 인정받기 쉬울 테니까요. 조금 다른 이야기가 될 수도 있을 것 같은데요. 한편으로는 정말 쉽게 식별되지 않는 소수자들이 있어요. '여성'이나 '장애인'으로 그룹화되지 않는, 그냥 '여성'이 아니라 '우울증을 앓는 여성'이라거나… 복합적인 약자의 정체성이 있을 수 있는데, 그들이 정체성을 갖고 목소리를 내는 일이 가능하긴 할까요?

남성의 정체성이라는 게 굉장히 견고해 보이지만 깨지기 쉬워요. 개인적으로는 그런 과장된 정체성이 깨어진 경험을 했던 것 같아요. 또 정체성이라는 건 스스로 원한다고 해서 당연하게 주어지는 건 아니라고 생각해요. 남성의 경우에도 그렇고 다른 소수자의 경우에도 마찬가지예요. '여성', '성 소수자', '장애인'이라는 집단의 이름이 있다고 해서 개인의 정체성이 곧바로 형성되는 건 아니에요. 그 정체성을 자기화하는 과정을 거치는지가 중요하죠. 저는 그런 과정을 충분히 거쳐내지 못한 사람에게 정체성이란 것이 과연 얼마나 의미가 있을까 질문해볼 필요도 있다고 생각해요. 정체성의 자기화 정도의 차이가 존재할 수밖에 없겠죠. 앞으로 정체성 자체보다 정체성 내부의 차이를 어떻게 소통하고 연결해갈 건지가 점점 더 중요해져 갈 것 같아요.

정체성을 형성하기 위해 개인들은 비커밍(becoming '되기')이라고 말할 수 있는 어떤 과정을 거쳐야 해요. 가령 저는 입양인, 입양부모 분들을 10년 가까이 만나오면서 정말 다양한 이야기를 들었어요. 입양에 대해 자기 정립과 정체성을 형성한 분들도 있고, 안 되어 있는 경우도 있어요. 당연히 입양 당사자들도 자신 경험의 긍정적 측면, 부정적 측면을 확인하고 수용하는 과정을 거쳐야 입양인 정체성이나 친생부모 정체성, 입양부모 정체성을 갖게 되는 것이라고 봐요.

결국 정체성은 개인의 작업이기도 하고 집단의 작업이기도 해요. 개인 혼자서 땅을 뚫고 나와서 주위를 둘러봤을 때 혼자라면 아무 소용이 없겠죠. 반대의 경우도 마찬가지고요. 한 사람 한 사람의 합의에 의해 공존하는 세계가 정체성인 거예요. 어떻게 보면 고통의 과정이고, 어떻게 보면 즐거운 과정이라고도 할 수 있는, 몸으로 땅속을 통과해 나오는 과정. 그 과정 이후에는 다른 사람들과의 대화와 소통 속에서 찾아가고 만들어나가는 거죠. 그렇다면 이미 만들어진 정체성이란 것에 의문을 가질 수도 있겠고, 당연히 모든 사람이 정체성을 만들어가야 한다고도 볼 수 있어요.

소수자들이 자신에 대한 편견에 대해서 주위에 어떻게 말하고, 대응할 것인지, 어떻게 화해하고 살아갈 것인가를 조정하고 결정해가야 하는 것처럼 남성들도 마찬가지예요. 언젠가 남성성이라는 과장된 정체성이 무너지고 깨어지게 된다면 스스로에 대해 다시 알아갈 필요가 있겠지요. 그렇게 비커밍의 과정을 마치고 나면 결국 자기 자신이 되어 나오는 거라 생각해요. 페미니즘은 오랜 시간 그 과정을 거쳐 왔고, 거쳐 가는 중이기 때문에 도움이 되는 거고요.

"결국 정체성은 개인의 작업이기도 하고 집단의 작업이기도 해요. 개인 혼자서 땅을 뚫고 나와서 주위를 둘러봤을 때 혼자라면 아무 소용이 없겠죠. 반대의 경우도 마찬가지고요. 한 사람 한 사람의 합의에 의해 공존하는 세계가 정체성인 거예요."

남성의 '여성-되기', '소수자-되기'가 가능한가에 대한 질문으로 이어질 수 있을 것 같아요.

'소수자가 아니면 소수자 정체성을 획득할 수 없을 것인가'를 먼저 질문해 볼 수 있을 것 같아요. 어떤 고통을 지나서 다른 정체성으로 된다는 것에 대해서요. 그런데 말씀드린 것처럼 입양친생모인데도 친생모 정체성을 획득하지 못할 수 있어요. '친생모-되기'의 과정을 얼마나 거쳐내었는지에 따라 친생모 정체성이란 것을 갖게 된다고 본다면요. 한편 많은 경우 정체성의 기준이 명확하지 않을 수 있어요. 실제로는 장애와 비장애의 경계도, 퀴어의 성 정체성 경계도 명확하지 않죠. 우리는 모두 일정 정도 장애나 퀴어성을 갖고 있을 수 있어요. '여성-되기'의 조건이 '무엇이어야 한다', '무엇이어선 안 된다'라기보다 '여성이 아니라고 불가능한 것은 아니다'라고 생각을 하면 어떨까 합니다. 남성이 페미니스트가 되고자 한다면, 여성의 곁에서 함께 아파하고 고민하는 비커밍으로써 '여성-되기'를 거쳐 페미니스트가 될 수 있는 거겠죠.

소수자의 정체성과 주체화를 이야기할 때 집단의 이야기보다는 개인이 강조되는 경향도 있는 것 같아요. 결국 극복 서사로 소비하는 게 아닌가 하는 생각이 들 때도 있고요.

비커밍이라는 것이 굉장히 지난한 과정일 수 있는데 그

당사자에 대한 이야기를 쉽게 소비해버리는 부분이 있죠. 한편으로는 개인화하는 과정이라고 생각이 되고요. 소수자 개개인에게 '지나오세요, 해냈네요, 시도하셨군요' 하면서 개인의 무수한 합으로 두려고 하는 측면이 있어요. 그런데 비커밍이 제대로 되고 나면 임파워링 된 집단화가 되어서 서로 이끌어야 한다고 생각해요. 단지 어떤 개인의 몫으로 두고 특별한 사람으로 칭찬하는 것은 한계가 있는 것 같아요. 극도로 모델화된 존재를 따라가야 한다면 이제 막 극복을 위해 노력하고 있는 사람들에게는 너무 어려운 일이 될 거예요. 그 사람이 극복한 것들과 그 의미가 많은 사람에게 일상적으로 전달되면서 함께 바뀌어 나가야 한다고 생각해요. 남성 페미니스트도 그렇게 생각해볼 수 있죠. 몇몇 사람들을 모델로 해서 그 결과를 맹목적으로 따라가기보다는 어떤 사람이 어느 정도까지 갈 수 있었는지 또 어떤 한계를 만났는지를 나누어야만 애쓰고 있는 다음 사람들에게 도움이 될 수 있을 거예요.

개인화된 방식으로 계속 가면 단 하나의 정답을 다른 사람들에게 강제로 떠먹이는 게 돼요. 지금의 성평등 교육도 그렇죠. 아이들에게 빵 조각 하나를 먹이고, '먹었으니 된 거야', '이렇게 다 해야 돼', '너는 왜 안 먹어', '안 먹었으니 너는 나쁜 아이야' 하는 방식이 효과적일 수가 없어요. 예를 들어 평등한 가족 문화를 만들기 위해서 '엄마아빠 이렇게 하니까 너희도 똑같이 해', '각자 똑같이 반반씩 해' 하는 방식이어서는 안 된다는 거죠. 그래서 제가 함께하고 있는, 성평등의 역사와 문화, 일상의 변화를 고민하고 있는 여담재라는 단체에서도 최근에 문화예술분야에서 활용할 새로운 성평등 교육 교안을 만들려고 하고 있어요. 어떤 정답을 외우게 하는 게 아니라 비커밍 과정을 겪은 이들의 인식과 그러한 인식에 이르는 과정을 자연스럽게 전달하려 하는 거죠.

"극도로 모델화된 존재를 따라가야 한다면 이제 막 극복을 위해 노력하고 있는 사람들에게는 너무 어려운 일이 될 거예요. 그 사람이 극복한 것들과 그 의미가 많은 사람에게 일상적으로 전달되면서 함께 바뀌어 나가야 한다고 생각해요."

기존의 교안과는 어떤 차이가 있나요?

문화예술영역에서 미투MeToo 사건들이 많이 일어났는
데, 그 후로 어떻게 대처할 것인가에 대해 여러 가지 이
야기가 있었어요. 크게 폭력 예방에 집중할 것인지, 평
등 지향에 집중할 것인지가 있었죠. 폭력 예방에만 집중
하면 자칫 '펜스룰' 같은 이상한 방향으로 전개될 수도
있어요. 같은 공간에 여성이 존재하지 않으면 폭력이 없
어질 테니까요.

그보다는 더 많은 여성의 참여를 보장하면서 구조적인
문제를 바꿔나가는 게 더 필요하다고 생각해요. 서로가
관계 안에서 어떻게 해야 하고 또 어떻게 하면 안 되는
지 알고 실천함으로써 평등하고 안전한 공간을 만들어
갈 수 있게 하는 거죠. 무엇보다 젠더에서 멈추면 안 된
다고 생각하고 있어요. 폭력에 있어서 성별만을 이야기
한다면 남성 집단, 여성 집단 내에서의 폭력에는 대처하
지 못하겠죠. 여성주의에는 여러 다양성을 고려해온 경
험과 역사가 있기 때문에 다양한 주체들을 포함해 나가
는 방식을 제안하고 리드해 나갈 수 있다고 봐요. 그런
방법론을 교안에 담으려고 공동연구진이 다 같이 노력

하고 있어요.

해외입양과 친생모와 관련한 논문으로 남성으로서는 국내 최초 여성학 박사가 되셨는데요. 박사 과정을 여성학으로 선택하신 계기가 있나요?

학부 때는 이공계 쪽을 전공했는데, 석사 때 환경 분야를 연구하면서 에코페미니즘에 대해 알게 됐어요. 이후에 본격적으로 해외입양 분야를 공부하고 싶어서 여성학 박사 과정을 시작했죠. 그때가 2010년이었는데 논문이 2020년에 나왔으니 10년이 걸렸네요.

입양 문제에는 어떻게 관심을 갖게 됐나요?

2008년에 스웨덴에 방문할 기회가 있었어요. 그곳에서 한국 입양인들의 모임에 참석하게 됐죠. 그때 스웨덴에 한국 입양인이 만 명이 있다는 걸 알고 충격을 받았어요. 스웨덴 인구가 1000만 명이니, 인구 비율상 1000명 중 한 명이 한국 입양인들인 거예요. 우리는 왜 그렇게 많은 아이를 보내야만 했고, 스웨덴은 또 왜, 어떻게 그렇게 많은 아이를 받아들였는지에 대한 질문을 갖게 됐어요. 그런 문제를 여성학 연구를 통해 풀어갈 수 있을 것 같다는 생각에 여성학을 택하고 박사 논문 주제로까지 삼게 됐어요.

논문을 보면서 그동안 우리가 입양인이나 입양 보낸 부모 개인의 관점에서 문제를 바라본 적이 없었다는 생각을 하게 됐어요. 항상 복지나 제도의 문제 정도로 여겼지, 입양을 보내게 된 여성으로서 어떤 문제를 겪었는지는 관심을 갖지 않았던 거죠.

처음부터 저는 해외입양을 보낸 입양인의 친생가족, 그 중에서 친생모에 대해 관심이 많았어요. 친생모 각자 당시에 아이를 보내야만 했던 상황이 있었어요. 같은 분이 없을 정도로 이유가 너무나 다양해요. 그런 상황에 대해 사회에서는 제대로 관심을 갖지 않죠. 개인의 문제로 바라보지 않거나, 구조와는 상관없이 지나치게 개인만의 경험으로 환원하는 경우가 많아요. 둘 다 집단으로서 친생모를 사회적 약자나 타자로 만드는 과정이라고 생각해요.

누군가가 타자화될 때 공통적 현상은 바라보는 사람과 대상과의 거리가 점점 멀어지고 대상이 실제가 아니라 추상화된 존재가 된다는 거예요. 그다음에는 당사자의 목소리가 사라지면서 대신 중계하는 사람들의 목소리로 대체되고요. 반대로 타자화에서 벗어날 때는 누군가의 목소리가 실제에 가까워지고 그 집단과 구조가 맺는 모순의 실체가 드러나는 과정을 거친다고 생각해요. 기록이 그런 일을 도와줄 수 있는 거고요. 그래서 1966년부터 1992년까지 우리나라 해외입양을 연구하는 논문을 쓰면서 아이를 입양 보낸 그 많은 여성들이 누구였는지, 또 자녀를 해외로 입양 보낸다는 결정은 어떤 의미였는지, 친생모의 상황과 모성의 성격을 분석하고 기록하려 했어요. 그분들이 강요당한 낙인, 침묵, 편견에 대한 제 나름의 저항이었죠.

한국 사회에서는 예전부터 친생모에 대해서 여성이 아이를 돌보지 않고 '버렸다'고 낙인을 찍었어요. 어머니들이 아이를 '유기'했다는 시선을 갖고 있었던 거죠. 하지만 그건 가부장적 모성 이데올로기 관점에서 구성된 사고일 뿐이에요. 친생모들이 어떤 제도적, 개인적 환경에 있었는지에 대해서 전혀 생각하지 않은 거죠. 자세히 살펴보면 아이를 '버린' 게 아니라 '입양을 선택할 수밖에 없었던' 이유들이 있어요. 우선 66년부터 92년까지 해외입양의 수에 증감이 있어요. 국내의 양육지원제도가 부재한 상태에서 해외 입양에 대한 긍정적인 측면이 부각

되었을 때는 친생부모에게 해외 입양을 권유하는 경우가 많았어요. 해외입양이 자율화되고 나서는 입양기관에서도 친생모가 어떤 상황에 있든 '입양 보내면 아이가 배불리 잘 먹고 교육받고 살 수 있다'고 설득하기도 했고요. 반대로 모권에 대한 제도가 개선되고 양육지원이 늘어나고 나서는 해외입양이 급격히 감소했죠.

이렇게 사회적으로 형성된 인식이나 법, 제도의 변화 속에서 해외입양 친생모들의 모습을 살펴보면 아이를 버린 존재가 아니라 아이를 위해 당시의 상황에서 최선의 선택을 했던 여성들의 모습이 주체로 떠올라요. 기존의 가부장적 시선이 아닌 여성주의 모성 관점에서는 그분들의 행동을 모성적 실천으로 바라볼 수 있는 거죠. 저는 그 실제의 목소리를 찾아내고 싶었던 거고요. '사랑하지만 보내야 했던', 이분법으로 설명할 수 없는 그 삶의 고통을 기록하는 것이 아이를 보낸 가족과 입양인들에게 필요하다고 생각했어요. 우리의 시선도 점검하고 그분들에 대한 오해와 낙인을 줄여드리고 싶은 마음이었던 거죠.

"누군가가 타자화될 때 공통적 현상은 바라보는 사람과 대상과의 거리가 점점 멀어지고 대상이 실제가 아니라 추상화된 존재가 된다는 거예요. 그다음에는 당사자의 목소리가 사라지면서 대신 중계하는 사람들의 목소리로 대체되고요."

굉장히 윤리적인 시도였다고 생각해요. 매체에서는 입양에 대한 서사적 상상력을 자극하는 이야기가 넘치잖아요.

가부장적 사회에서는 입양을 보냈다는 사실 하나만 주목하고 당사자들을 판단한 거예요. 그런 시선이 내러티브화되어 온 거고요. 실제 여성들의 상황을 보지 않고 그들의 목소리를 생략하고 일방적인 시선으로 덮어씌운 거죠. 여성주의의 시선으로 바라보고자 했을 때는 당사자들이 입양을 선택하기까지의 과정이 더 중요해요. 입양 결정 이전에 어떤 상황과 어려움에 맞닥뜨렸는지 자세히 봐야 하는 거죠.

제 연구는 사라 러딕Sara Ruddick의 『모성적 사유』라는 책의 영향을 많이 받았어요. 입양을 보낸 부모들의 행동을 타자화하는 시선에서 옳고 그르다고 판단하는 게 아니라 '모성적 사유maternal thinking'에서 바라보려 한 거죠. 그게 기준이 됐어요. 사라 러딕은 '모성적 사유'의 개념을 이야기하면서 대상의 생존, 발달, 사회적 수용을 특징으로 꼽아요. 친생모 분들도 아이가 살아갈 수 있을지, 잘 성장할 수 있을지 그리고 사회적으로 수용될지를 고려해서 행동한 거예요. 당장 아이가 죽을 상황이니 아이를 살릴 생각으로 입양을 할 수밖에 없었던 분들도 많았던 거죠.

입양인, 친생모 분들에게 현재 가장 큰 어려움은 무엇일까요?

여러 가지 어려움이 있어요. 가장 큰 어려움은 입양을 보내고 나면 아이에 대한 정보를 얻지 못하는 점이라고 생각해요. 뱃속에 열 달을 품고 보냈는데, 아이가 살아 있는지 죽었는지도 알 수가 없어요. 부모는 죄책감과 상처를 평생 안고 가야 하거든요. 그런데 그 상처를 해소할 수 있는 방법이 전혀 없어요. 막상 아이를 찾으려고 하면 '버려놓고 이제야 찾는 게 말이 되냐'는 말을 들어요. '아이를 버렸다는 낙인'에 더해 2차, 3차적으로 침묵에 밀어 넣는 거예요. 한편으로는 입양이 된 아이들에게도 친부모에 대한 기록이 중요한데, 과거에는 기록을 소홀히 여겼어요. 그래서 많은 입양인이 친생가족을 찾는데 어려움을 겪어요. 입양인을 기르고 함께 살아온 입양부모까지도 그런 공백의 문제를 피해갈 수 없어요.

연구와 활동을 하면서 많이 느꼈어요. '아이들에게 자신의 뿌리를 받아들이고 화해할 수 있는 기회를 줘야 하는데, 우리가 그걸 못 해주고 있구나….' 입양이 곧 구원이 아니잖아요. '과거니까 그냥 잊어버리라'고 할 수 있는 게 아니잖아요. 그래서 친생부모님들, 입양인들이 모여서 사회에 목소리를 내야 하는 거죠. 계속 아무것도 안 하고 고통을 삭이고만 있어서는 안 되는 거죠. 우리가 뭉쳐서 뭔가를 해야 하고 그게 정체성을 얻어가는 과정이라고 믿었어요. 그 안에서 할 수 있는 게 있다면 무조건 해야 한다는 생각이 명령처럼 저에게 왔어요. 입양인, 친생부모, 입양부모 모두에게 과거의 자기 경험을 받아들이고 서로 화해할 수 있는 기회가 주어져야 해요. 그래서 저도 현재 '입양연대회의(입양 공공성 강화와 진실규명을 위한 연대회의)'에 참여해 최대한 도움을 드리려고 하고 있는 중이에요.

"연구와 활동을 하면서 많이 느꼈어요. '아이들에게 자신의 뿌리를 받아들이고 화해할 수 있는 기회를 줘야 하는데, 우리가 그걸 못 해주고 있구나….'"

과거의 자신을 이해할 수 있는 방법과 실제로 당사자들이 만날 수 있는 기회를 양방향으로 지원해야 하는 거네요.

네, 친생모가 자신과의 화해를 해야만 입양인과의 제대로 된 만남도 가능해요. 과거에 그대로 멈춰있으면 친생가족과의 만남이 성사되더라도 입양인이 더 큰 상처를 받기도 하거든. 입양인이 버려진 것이 아닌 경우가 훨씬 많은데, 그렇든 그렇지 않든 입양인도 있는 그대로의 진실을 확인할 수 있어야 해요. 입양부모님들도 가족을 찾으면 아이가 돌아가는 게 아니라는 걸 알아야 할 필요가 있어요. 결국 서로를 찾고, 자신을 돌아보고 직면하는 일의 마지막 단추를 채워내야 하죠. 그 과정을 존엄하게 해내기 위해 각 당사자의 용기와 주위의 도움이 함께 필요해요. 그래서 지금 제가 하고 있는 건 제도를 개선하기 위해 힘을 보태는 일이에요. 개인이나 집단이 아무리 노력을 한다 해도, 제도가 그 앞에 커다란 돌덩어리처럼 해결을 가로막을 때가 있거든요. 기존의 제도가 무조건 나쁘다기보다 이걸 우회하기 위해서는 너무 길고 어려운 과정을 거쳐야 하기 때문에 방해가 되는 거죠. 이제 그 제도라는 돌덩어리를 끄집어내야 하는 시기가 온 거예요.

최근에는 어떤 정책 변화를 위해 노력하고 있나요?

얼마 전에 입양특례법 개정법률안과 국제입양법 제정법률안이 발의됐어요. 보다 윤리적인 입양 절차를 갖추고 각 당사자, 특히 입양되는 아동에게 최우선의 이익을 보장하기 위한 입양이 될 수 있도록 하는 내용이죠. 법안 준비도 함께 해왔고 앞으로 법이 통과될 수 있도록 계속 노력 중이에요.

논문을 쓰면서 어려운 점은 없었나요?

입양과 관련한 문제가 외부에서도, 내부에서도 여성학의 연구 주제가 아니라고 생각하시는 분들이 많았어요.

박사논문이기 때문에 기존의 자료와 관점 면에서 한 걸음 더 나아갈 수 있어야 할 텐데, 여성학 분야 내에 입양 연구가 생소한 분야이다 보니 좀 더 어려웠던 것 같아요. 학부나 석사과정에서 여성학을 전공한 게 아니었기 때문에 페미니즘 이론에 대한 공부도 필요했어요. 다른 주제를 잡을까 생각도 했는데 아무리 어려워도 여성학을 택한 동기가 해외입양이었기 때문에 어떻게든 해내야겠다고 생각했죠.

여성학을 배우고 연구하셨지만 어쨌든 사회가 가장에게 요구하는 것들이 있잖아요.

한국 사회 속에서 살아가면서 절대 자유로울 수 없죠. 사실 온 가족이 부담을 안고 있었던 것 같아요. 7, 8년 차 때부터는 부끄러워하는 것에도 지쳐버렸어요. 제가 죄인처럼 느껴졌고, 남의 시선을 신경 쓰고 눈치 보느라 너무 많은 에너지가 들어갔어요. 근데 어느 순간 나 스스로 질문하면서 나를 갉아먹지는 않아야겠다고 생각하게 됐어요. 내려놓아야겠다는 결심을 한 거죠. 혼자 괴로워하기보다 그 힘으로 차라리 주위 사람들, 식구들을 챙기고 위하는 게 나았으니까요. 지금은 가족들이 서로 더 끈끈하게 해준 시간, 전우애를 다진 시간이었다고 이야기하지만 여전히 미안한 마음을 갖고 있어요. 그래도 의미 있는 시간이었고 경험이었다고 생각해요. 한순간도 벗어나기 어려운 사회적 시선과 인식 때문에 어려움을 겪는 분들에 대해 공감할 수 있는 계기였고, 스스로 더 자라날 수 있는 과정이었던 것 같아요.

박사과정을 마치고 많이 뿌듯하셨을 것 같아요.

네, 정말 뿌듯했어요. 또 조금 특이해 보일 수 있는 관점의 연구였는데, 잘 마칠 수 있어서 다행이라는 생각을 했어요. '그래도 내가 틀린 건 아니었구나' 느꼈죠. 이후에 조금이라도 사회에 쓸모가 되길 바랐는데, 현재 입양 분야와 관련해서 도움을 주고 조금씩 이루어지는 부분들도 있어서 기쁘고 감사한 마음입니다.

석사과정에서는 에코페미니즘을 바탕으로 '여성농업인'에 대한 논문을 쓰셨어요. 에코페미니즘과 모성은 공통적으로 '여성성'과 관련이 있는 것 같아요. 그런데 '여성적 가치'를 말하는 건 여성을 여성성 안에 가두는 것처럼 느껴져서 위험한 일로 보여요. 여성이 만들어온 좋은 것들이 있는데 지금 우리는 그 가치

들에 대해서 어떻게 이야기할 수 있을까요?

석사 과정 때 에코페미니즘에 대한 논문을 쓰겠다고 결심하고 저희 전공 첫 여성 교수님으로 부임하셨던 지도교수님께 말씀드렸는데, 처음엔 반대하셨어요. 꽤 의외였어요. 생각해보면 여성성을 '낭만화'할 수 있는 위험이 있었던 거죠. 서구에서는 20세기 중반에 벌써 모성과 가족 이야기로 진절머리가 났어요. 찬양과 동시에 억압과 굴레가 된 모성과 가족 담론에서 벗어나려는 움직임이 나타났고요. 그래서 차이를 강조하기보다는 남성과 여성은 동등하다는 동일성을 강조하게 됐고, 그 흐름 속에서 20세기 후반에는 성별이 사회적 구성물임을 강조하는 젠더 개념이 나왔죠. 그러면서도 한편에서는 생물학적 성별의 차이를 통해 여성적 가치를 말하는 사람들이 계속 있었어요.

차이에 대한 이야기는 20세기 후반에 접어들면서 점점 교차성 개념으로 확대됐어요. 서구 주류 페미니즘 이론에서는 다뤄지지 않는 잔여적인 존재들이 있었던 거죠. 백인 중산층 여성에 포함되지 않는 여성도 많으니까요. 일을 하지 않는 여성, 흑인 여성, 장애인 여성, 제3세계 원주민 여성은 자신이 하고 있는 가사노동이나 돌봄 노동이 부정적인 것인지 그렇다면 자신의 여성성은 부정돼야 하는 것인지에 대해 질문을 갖게 됐겠죠. 그러면서 기존의 남성 중심주의적 세계에서 가치를 제대로 평가받지 못했던 돌봄이나 감정에 대해서 이야기하기 시작한 거예요. 그러고 나서 그런 가치들을 여성만이 아닌 생물학적 성별을 넘어서 실천해야 한다는 걸 알게 된 거죠. 사라 러딕의 '모성적 사유'도 그런 개념이고요. 모성의 입장에 서고 그 생각과 경험을 갖고 비커밍의 과정을 거친 사람이 어머니라는 거예요. 생물학적으로 낳았다고 반드시 어머니여야 하거나, 안 낳았으면 결코 어머니라는 이름에 가까이 갈 수 없는 건 아니라는 거죠. 그래서 저는 『모성적 사유』를 정말 좋아해요. 시대를 앞선 성찰을 했다고 생각하거든요.

여성성이라는 것도 여성으로 태어났다고 당연히 가지는 혹은 가져야만 하는 정체성이 아닐 수 있는 거예요. 각자의 존재와 맥락 속에서 외부와 관계하면서 획득하고 도달해야 하는 거죠. 그래서 저도 어떤 가치를 성별화해서 '여성성'이라고 이름 붙이는 걸 조심스러워 하는 입장이에요. 대신 돌봄이라는 말을 좋아하게 됐어요. 돌봄 이론에는 누구에게나 돌봄이 필요하고 우리 모두가 돌봄을 함께 해야 한다는 전제가 있어요. 어떤 가치를 특정 성별의 본질로 생각하지 않는 거예요. 모든 사람이 돌보는 존재로서의 정체성을 얻어내고 실현해야 하는 거죠.

"여성성이라는 것도 여성으로 태어났다고 당연히 가지는 혹은 가져야만 하는 정체성이 아닐 수 있는 거예요. 각자의 존재와 맥락 속에서 외부와 관계하면서 획득하고 도달해야 하는 거죠."

돌봄 사회로 혁신적인 전환을 이야기하는 사람들도 있어요. 낸시 프레이저Nancy Fraser는 '보편적 돌봄 제공자' 모델을 제시하기도 했어요. 실현이 가능할까요?

여성주의도 아직 가보지 않은 길이에요. 정답이 나와 있지는 않은 거죠. 많은 시행착오를 거치면서 가야 하는데 단번에 되진 않겠죠. 전체의 변화는 목적지에 가까워요. 더 중요한 건 어떤 곳으로 가야 하는가에 대해 더 많은 사람들이 인식하고 동의하는 일이겠죠. 스웨덴은 이제 육아휴직이라는 개념이 자연스럽게 받아들여지잖아요. 성별에 관계없이 누구나 정치를 할 수 있고, 육아휴직을 할 수 있다는 인식이 생겼어요. 그런 사회를 보고 자란 사람들이 굳이 정치와 사회에 성별을 문제 삼지는 않을 거예요. 한 번에 바뀔 수 있냐고 묻는다면 당연히 아니라고 답해야겠죠. 하지만 언젠가는 그런 시기가 올 거예요. 지금 우리가 할 수 있는 건, 예를 들면 연의 얼레를 쥐고 연을 날리는 것과 닮아있지 않을까요? 연의 목표 지점을 살피면서 바람에 따라서 그때 필요한 풀고 당기기를 얼레를 바라보고 순간순간 해야 하는 거죠. 그러다 보면 어느덧 목적지에 연이 도착해 있을 수 있고요.

"지금 우리가 할 수 있는 건, 예를 들면 연의 얼레를 쥐고 연을 날리는 것과 닮아있지 않을까요? 연의 목표 지점을 살피면서 바람에 따라서 그때 필요한 풀고 당기기를 얼레를 바라보고 순간순간 해야 하는 거죠. 그러다 보면 어느덧 목적지에 연이 도착해 있을 수 있고요."

하지만 꽤 오래전부터 사람들은 '포스트페미니즘'을 말하기도 했어요. 이제 성차별이 그리 강하지 않다거나 '여성 없는 여성주의'가 될 수 있다거나 하는 식으로요.

'포스트페미니즘'이 필요하고 또 진행이 돼 갈 거라고는 생각해요. 그런데 '포스트post'라는 말이 성차별이 없어졌다거나 여성이 없다는 의미에서의 포스트는 아니라고 봐요. 포스트라는 용어는 이전의 개념을 넘어섰거나 그로부터 분리됐다는 게 아니라, 과거의 그림자가 여전히 존재하지만 이전과는 분명히 구분되는 시대를 맞이했다는 의미에 가까워요. 지나간 실체와 다가오는 실체 사이의 그림자 같은 영역이죠. 그 영역에서 다른 것들이 개입하고 결합하면서 새로운 무언가가 만들어져 가는 범주의 시기인 거예요.

페미니즘이 필요 없는 상황이 아니라 전에는 페미니즘이 사회 일부에 영향을 주는 것이었다면 지금은 좀 더 보편화된 상황이라고 볼 수 있겠죠. 그래서 포스트페미니즘은 사람들의 관심도 확대된 상황에서 이 영역을 어떻게 채워가느냐에 대한 과제를 안고 있는 것에 응답하는 거라고 생각해요. 그만큼 전체의 이슈가 됐다는 의미이기도 하고, 새로운 의제로써 다양한 영역에서 만들어 가야 하는 거죠. 그러면 이제 페미니스트가 된다는 것 역시 단순히 선언되는 것이 아니라 지금 여기에서 자신이 페미니스트가 된다는 게 어떤 의미인지 여성/남성 할 것 없이 개인, 집단, 사회가 서로 그리고 함께 채워나가야 해요. '여성 없는 페미니즘'이라는 말 역시 여성이기 때문에 무조건 페미니스트여야 한다거나 여성이 아니면 안 된다는 사고의 시기를 지났다는 것으로 이해해야 하는 거죠. 결국 모두가 자신과 페미니즘의 관계를 생각해보지 않고는 안 되는 시대, 모두가 질문받고 생각하고 실천하는 그런 시대가 되고 있는 거예요.

"이제 페미니스트가 된다는 것 역시 단순히 선언되는 것이 아니라 지금 여기에서 자신이 페미니스트가 된다는 게 어떤 의미인지 여성/남성 할 것 없이 개인, 집단, 사회가 서로 그리고 함께 채워나가야 해요."

사회학이나 정치철학에서 페미니즘의 사유를 충분히 수용해야

겠다는 생각도 들어요. 다른 학문 분야들과 연계는 잘 되고 있나요?

학문마다 영역이 있기 때문에 적극적으로 받아들이는 건 힘들 수 있다고 봐요. 그럼에도 필요에 따라 각자의 경계에서 만날 수 있다면 좋겠어요. 지금 상황에서는 오해하지 않고 여성학에서 이야기하는 것들을 검토하고 받아들여 주는 것만으로도 나쁘지 않다고 생각해요.

앞으로의 계획이 있다면 무엇인가요?

저의 가장 중요한 정체성은 여성학 연구자예요. 우선 여성학을 전공한 남성으로서 학문과 분리되지 않고 살아가고 싶어요. 또 사람들이 자신을 다르게 생각해볼 수 있는 인식의 단초를 연구하고 제공하는 일을 계속하려고 해요. 입양과 관련해서는 당사자들이 현실의 어려움을 극복해나갈 수 있도록 돕는 일을 계속할 생각이고요. 무엇보다 남성들이 페미니즘에 갖고 있는 오해와 편견을 어떻게 중재하고 상호 대화의 장으로 이끌 수 있는지에 대해 지속적으로 고민해보려고 합니다. 오해를 줄여서 공격하지 않게 하는 첫 번째 단계, 페미니즘이 어떤 것인지를 이해하게 되는 두 번째 단계, 자신과도 연관이 있다는 것을 발견하는 세 번째 단계 그리고 시행착오를 통해 페미니스트로 나아가는 네 번째 단계 전체의 과정을 지지하고 싶어요. 남성들이 자신 안의 여성성을 포함한 다양한 정체성을 발견하고 획득해나가는 걸 돕고 응원하는 일이 저에게는 또 하나의 중요한 목표라고 할 수 있죠.

페미니스트가 된 남자들
'차이' 시리즈1

발행일 2021년 12월 3일
인터뷰·편집·사진 전인수
디자인 최보람
펴낸곳 멜랑콜리아
출판등록 2019년 6월 20일 제2020-000029호
전자우편 melancholia_zine@naver.com